增长规律

未来十年高增长的底层逻辑

贺传智 张致铭 /著

图书在版编目（CIP）数据

增长规律：未来十年高增长的底层逻辑 / 贺传智，张致铭著 . —北京：机械工业出版社，2023.3
ISBN 978-7-111-72624-1

Ⅰ. ①增… Ⅱ. ①贺… ②张… Ⅲ. ①民营企业–企业管理–研究–中国 Ⅳ. ① F279.245

中国国家版本馆 CIP 数据核字（2023）第 025753 号

增长规律：未来十年高增长的底层逻辑

出版发行：机械工业出版社（北京市西城区百万庄大街 22 号　邮政编码：100037）	
策划编辑：孟宪勐	责任编辑：孟宪勐　刘新艳
责任校对：韩佳欣　张　薇	责任印制：单爱军
印　　刷：河北宝昌佳彩印刷有限公司	版　　次：2023 年 4 月第 1 版第 1 次印刷
开　　本：147mm×210mm　1/32	印　　张：11.25
书　　号：ISBN 978-7-111-72624-1	定　　价：79.00 元

客服电话：（010）88361066　68326294

版权所有·侵权必究
封底无防伪标均为盗版

FOREWORD

前　言

走出混沌，走向光明

　　企业，是近代最为杰出的产物之一。它创造出了璀璨的商业文明和巨额财富，推动着人类社会方方面面的卓越发展，不仅如此，它还承载着千千万万普通人的人生追求和精神使命。

　　我们都希望获得成功。

　　我们羡慕一个个卓越甚至伟大的企业：沃尔玛、亚马逊、苹果、丰田、大众、三星、埃克森美孚、微软、宝马、雀巢、强生、GE、鸿海。它们是世界级企业，基业长青且长期稳居商业版图的顶端。

　　我们崇拜一个个商界领袖：贝佐斯、比尔·盖茨、稻盛和夫、巴菲特、郭士纳、杰克·韦尔奇、丰田喜一郎、盛田昭夫、约翰·洛克菲勒、乔布斯、李健熙、任正非。他们一手创造出了伟大的企业，代表了世界级的经营管理水平。

我们希望向他们学习，也希望从任正非、宁高宁、张瑞敏那里获得智慧。

商海沉浮，谁可拔得头筹？

"沉舟侧畔千帆过，病树前头万木春。"这是个最好的时代，优秀人才都能够有机会创造有着自己风格的企业；这也是个极度竞争、充满挑战的时代，每天有数万家企业诞生，同时也有数万家企业消失。

在这繁荣之中，最令人遗憾的是，我们一手创造的新企业是这么容易夭折：或被自己损坏，或被竞争对手击败，或沉没于云谲波诡的市场。

我们从未像今天这样如此渴望获得经营企业的真相！

庆幸的是，有一个个卓越的人士，或为企业家，他们有着成功的实践经验；或为实践型专家，他们对如何成功地经营一家企业有着超越常人的系统认知和洞察。他们掌握了真相！

一百多年前，弗雷德里克·温斯洛·泰勒研究"车床前的工人"的操作方法和每个动作所花费的时间，他发现提高工人的操作效率是有方法的，只要使用科学的方法，就可以让工人的生产效率翻倍！他做到了，并提出了"科学管理理论"。从此,"管理"成了一门科学,不再是"经验""玄学";从那时起的一百多年间,战略规划、营销、投资、组织管理、人力资源管理、企业文化建设、领导力等,都不再是虚无缥缈、摸不着头脑的,它们的运作逻辑被一层层地抽离、提炼出来,我们可以通过学习、实践来掌握它们。

华为早已经实现了通信行业"三分天下有其一"的愿景目标,靠的是什么?靠的是任正非等决策层成员虚心学习西方先进的经营机制、管理模式,而且能够"削足适履"地去践行。

小米是成为世界 500 强企业最快速的公司,靠的是什么?靠的是雷军等领军人物科学地运用行业分析、战略规划、管理机制等正确的经营理念。

为什么我们很多民营企业失败了?中国企业家创业,本身就是一部血泪史。有人倒下了,有人九死一生。这是为什么?所有的理由可以归结为一个原因,就是"不懂"。不懂,所以盲目,所以偏离正确的"轨道"。陷入混沌中的众生,必然会被黑暗、乱序所打败!

幸运的是,有那么一家企业,自诞生之日起,便以"研究企业经营管理的本质、规律"为己任,这家企业相信"经营有规律、管理有逻辑",相信"商业智慧可以造福于人类幸福",秉承"1 米宽 10 000 米深"的探索、研发精神,专注于"研究、传道、授业、解惑、赋能"。这家企业叫作中恩教育。

知行要合一,对管理智慧的检验是实践。三人创业,五年成形,业务遍及八省,一路走来,有挫折,但更多的是快速的成长与发展。依赖的是什么?我们没有外部的依仗,唯一能依赖的是人,是我们和我们的伙伴,我们靠自运转机制来做经营、做管理、打造团队。自运转机制是什么?就是在学习西方管理科学逻辑和方法的基础上,研究国内中小民营企业在萌芽期、发展期、成熟期的优秀实践案例,并结合中恩教育自身的亲自操作,总结出来的一套行之有效的经营逻辑。

中恩教育取得了阶段性的成功。中恩人相信,这是一笔宝贵的财富,财富需要分享,这将造福于企业、造福于社会。这是中恩人的使命和宗旨。

开卷有益,于成功者处获得真理与智慧,从混沌中寻找到那一片光明。中恩教育愿为中国千千万万的中小民营企业提供科学、实效的机制与方法,助力它们成为行业新标杆,助你拥有成功的企业、幸福的人生。

目录

前　言　走出混沌,走向光明

第 1 章　增长有规律
升级增长之道、成为第一　/ 001

形势发生了变化　/ 003
国民经济走势发生了变化　/ 003
产业经济特点发生了深刻变化　/ 005
未来企业增长要靠内生能力　/ 012

增长之道必须升级　/ 013
高速度、高规模增长模式的由来和特点　/ 013
高速度、高规模增长模式已成为过去　/ 018
增长模式必须转型,向经营管理机制要效益　/ 023

高盈利的增长规律 / 024

增长规律的内涵：抓住企业增长的"一" / 025

增长之道要升级，必须实现六大转变 / 026

高盈利的增长规律：五力模型 / 033

要成为第一，"成为第一"才有前景 / 043

增长规律必须通过机制来运行 / 045

企业高增长必须有的机制 / 046

老板要有境界 / 048

第 2 章 文化机制
建立纲领、引领人心 / 049

企业文化：以文化人 / 051

什么是企业文化 / 051

企业文化才是企业最大的竞争力 / 053

企业文化从哪里来 / 055

企业文化要"利他" / 057

"他"是谁：客户、员工、社会 / 058

如何"利客户" / 059

如何"利员工" / 061

如何"利社会" / 063

如何做到"利他"：追求无我 / 065

企业文化的核心构成 / 065
使命：企业存在最根本的意义 / 067
愿景：企业要有发展蓝图 / 070
价值观：保障企业实现高增长的信念 / 073

企业文化落地生根有法门 / 077
企业文化落地需要"知、信、行" / 078
价值观落地"八大方法" / 086

第3章 战略机制
定位方向、牵引增长 / 089

战略是研究大增长的学问 / 090
战略的两大维度：实现未来、持续增长 / 091
唯有战略可以实现业绩持续增长 / 094

战略有两大核心特征 / 097
前瞻性：高瞻远瞩，才有宏图大业 / 097
市场性：从市场中发现大增长机会 / 102

企业如何建立战略机制 / 112
战略取舍：方向对了，事业才会对 / 112
战略规划：目标达成是设计出来的 / 120
战略投入：要为企业的未来付出 / 123

第 4 章　产品机制
打造爆品、高效获客　/ 129

产品是企业的生命力　/ 130
产品是企业的"根"　/ 131
产品是企业高效获客的第一竞争因素　/ 133
产品选择直接决定企业战略成败　/ 134

新的消费时代已经到来　/ 136
消费者主权时代，用户成为中心　/ 136
消费升级时代到来，个性化、重体验成为主流　/ 146

为什么企业要打造爆品　/ 149
同质化的产品没有竞争力　/ 150
感受差的产品只会被客户抛弃　/ 152
破解获客难，唯有靠好产品　/ 153

打造爆品的法门和超级方法论　/ 156
懂用户：能否找对痛点决定企业生死　/ 157
懂人性：抓住物质背后的精神需求　/ 163
强聚焦：打造 1 米宽 10 000 米深的战略大单品　/ 165
三元爆品机制：高效获客、利润暴增的超级方法论　/ 170

第 5 章　人才机制
先人后事、选择"对"的人　/ 175

人才是企业的第一生产力　/ 177
人才是企业增长的第一战略资源　/ 177
人才构筑组织能力，决定企业的成长　/ 179

先人后事：人是事的根因　/ 184
低效的"先事后人"思维　/ 184
老板对人才不重视是问题的根源　/ 187
老板要成为第一人力资源官　/ 190

先选后培：人才首先是选择出来的　/ 191
选对人比培养人更重要，事半功倍　/ 192
选对人的诀窍：先看基因，再看"人才画像"　/ 194
选择专业化的人才，淘汰不专业的员工　/ 199
找人要舍得投入，要有投资收益思维　/ 201

先将后兵：干部是人才工作的"牛鼻子"　/ 202
打造"核心圈"团队是第一要务　/ 202
选将必须高标准，严选、慎选　/ 208
管理好干部是激活团队的关键　/ 213

第 6 章 培训机制
赋能人才、打造人才流水线 / 217

培训是企业增长的能力源泉 / 219
提升胜任力,实现当下业绩 / 219
培养储备人才,支持战略发展 / 220
批量复制人才,支撑企业扩张 / 222

培训机制是什么 / 225
企业培训的"三大误区" / 225
错误培训让"人才"变成了"成本" / 230
培训机制:正确的培训才有效 / 231

建立科学的培训机制,实现有效赋能 / 232
培训系统:要对不同对象做精准培训 / 232
培训内容:要有才,还要有心 / 236
培训流程:有效性来源于科学的实施过程 / 242

打造人才复制流水线,保障人才持续供给 / 248
把能力建在组织上 / 248
人才复制"四化"模式 / 250

第7章 激励机制
激活人才、打造组织发动机 / 257

激励的伟力和"三大法门" / 258
激励有伟力，平凡创造奇迹 / 259
有效激励有"三大法门" / 263

激励机制的内涵和核心特点 / 268
激励机制的内涵：刺激需求，激发动力 / 268
激励机制有四大核心特点 / 270
高人效薪酬模式，让企业进入良性增长循环 / 278

激励机制"6+1"结构 / 280
固定工资：保障生活、反映岗位价值 / 280
绩效工资：拉动员工实现绩效目标 / 281
提成："干多少就能拿多少" / 283
奖金：给予超额目标的激励 / 284
福利：不可缺少的保障薪酬 / 285
股权激励：最有效的长期激励模式 / 286
晋升：更高的责与权、更多的薪与酬 / 289
使用激励机制要做到"两化" / 293

正确认知股权激励 / 294
股权激励三大价值 / 294

避开股权激励的认知误区 / 298

有效股权激励有三大前提条件 / 300

第8章 执行机制
强化管理、拿到成果 / 305

到底是什么影响了执行力 / 306
执行力低下的典型表现 / 306

影响执行力的三层面要素 / 309

员工执行力管理的主题 / 315

如何打造执行机制 / 316
战略清晰是高效执行的前提 / 316

高效执行管理的五大要点 / 321

提高执行力的"抓手"和"利器" / 335
抓手一：管高层，高层是执行力的"牛鼻子" / 335

抓手二：建立"法治"系统，以刚性制度管执行 / 336

利器：建立绩效管理系统 / 337

CHAPTER 1

第 1 章

增长有规律
升级增长之道、成为第一

天行有常,不为尧存,不为桀亡。

——《荀子·天论》

规律是什么？规律是不以人的主观意志为转移的、事物本身所固有的、隐藏在表象之下并最终决定事物运行轨迹的本质法则。

任何事物的生存和发展都有其内在原理和规律。

战争的规律是什么？《孙子兵法》认为，战争应"经之以五事，校之以计，而索其情：一曰道，二曰天，三曰地，四曰将，五曰法"，主张"用兵之法，十则围之，五则攻之，倍则分之，敌则能战，少则能逃之，不若则能避之"。

商业的规律是什么？《22条商规》认为，商业的成功需要做到"成为第一""抢先进入顾客心智""专注聚焦""每个品牌占有一层心智阶梯""阵线越长，赚的钱反而越少。多便是少""有自己独特的认知或特性"。

企业经营管理也有其规律。

华为是中国民营企业的翘楚，是世界通信行业的领先者。华为做到了卓越，它的秘密是什么？华为公司顾问、《华为基本法》起草人之一吴春波教授认为：华为没有秘密，任正非没有密码。企业成长不需要秘密，需要的是探索、敬畏、遵从和坚守常识，是把常识做到了极致。

常识就是基本逻辑，就是规则，就是规律。

企业增长有规律。规律是什么？

形势发生了变化

中恩教育谈规律,是因为不得不谈。为什么不得不谈?是因为我国的经济走势、产业形势已发生了深刻的变化,这将深度影响我国中小民营企业的发展命运。大势所趋,所以必须谈。

国民经济走势发生了变化

图 1-1 是我国 1990～2019 年的 GDP 同比增速走势图。

如图 1-1 所示,我国国民经济走势在 1999～2019 年间,可以划分为两个阶段。

第一阶段:1999～2007 年,高速发展阶段。在这一阶段,我国 GDP 平均增速为 10.23%,最低值为 1999 年的 7.66%,最高值为 2007 年的 14.23%,其间基本呈直线上涨态势。

第二阶段:2008～2019 年,增长放缓阶段。在这一阶段,我国 GDP 平均增速为 7.99%,最低值为 2019 年的 5.95%,最高值为 2010 年的 10.64%,且自 2010 年起,基本呈下行态势。

通过图表及数据可以清晰地看出,在经历了第一阶段近乎狂飙的增长后,我国国民经济虽然依然保持上涨态势,但增长速度趋缓,相比于第一阶段平均值下降 2.24%,且普遍在 6%～8% 之间浮动。客观地说,我国经济形势已

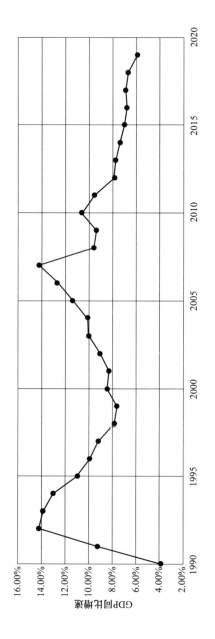

图 1-1 我国 1990~2019 年 GDP 同比增速走势图

注：根据国家统计局数据绘制。

告别了"高速时代"。这意味着什么？意味着过去快速赚钱、容易赚钱的时代过去了。

产业经济特点发生了深刻变化

一个时代的过去，必然会对原来时代中的参与者造成颠覆式的冲击。

对于中小民营企业，了解时代转变背后的逻辑是非常有必要的，唯有认识明白，才会有正确的应对。为什么快速赚钱的时代过去了？主要是因为国民经济驱动模式和产业经济发展的决定因素正在发生深刻的变化。

1. 国民经济驱动模式由投资驱动型向消费驱动型转变

分析 2008～2019 年历年的 GDP 增速数据可以发现，较低增速的出现不是偶尔的、短暂的，而是持续的、较多频次的。这说明了什么？说明我国的国民经济驱动模式发生了改变。

国民经济驱动模式指的是推动一个国家产业体系发展，拉动国民经济整体增长的驱动力及制度模式，通俗地讲，回答的是"靠什么推动国民经济增长"。回顾我国最近二十年的经济发展历程，综合官方及国内权威经济学家的分析论断，可以认为，我国国民经济驱动模式正在从投资驱动型向消费驱动型转变。

众所周知，拉动我国国民经济增长的驱动要素主要是

"三驾马车"：投资、消费和出口。

投资，主要是指国家对重点行业给予的财政支持，如国家基础建设投资、科教文卫事业投资、民生事业投资等。扩大投资可以增加社会的总供给，如产生新的产业机会、增加大量的企业、增加企业的产能、增加市场上的产品或服务供给量，社会生产能力的提升会推动产业的兴盛、收入水平的提升、国民财富的增加，进而实现经济增长。

消费，是指本国国民的消费需求。消费对国民经济的贡献和价值主要体现为拉动增长，消费需求的满足会产生新的行业和商业形态，会促进商业交易的繁荣，会反作用于生产，牵引产能的增加，"扩大消费需求—带动投资回升—促进经济增长"，形成良性增长循环。可以说，消费需求是拉动经济增长的最根本力量。

出口，是指外部的消费需求，即通过本国企业的产品或服务进入国际市场，参与国际竞争，获得国际市场的收入，一般指净出口。出口通过扩大市场来拉动经济增长，既体现为增加供给，又体现为需求牵引，是对国民经济增长起到重要支撑作用的驱动要素。

图1-2是消费、投资、外贸对国民经济增长的贡献率对比图。

从图1-2可以明显看出，在2000～2009年，投资是我国国民经济增长的主要贡献因素；2009年之后，投资的贡献率呈下行态势，而消费的贡献率稳中见涨。

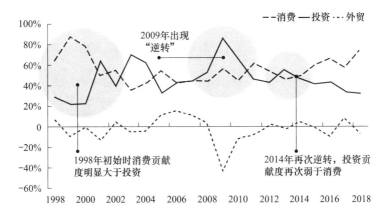

图 1-2 消费、投资、外贸对国民经济增长的贡献率对比
资料来源：Wind。

改革开放以来，我国国民经济主要依靠投资来驱动，我国经济增长走势与投资贡献率整体上保持一致。1990～2000年，投资对我国经济增长的贡献率达到36.1%，而2001～2007年，投资贡献率呈加速增加的态势，平均投资贡献率更是上升到了48.36%！

我国经济的高速发展、城镇化的快速推进、内陆城市的繁荣发展，"投资"这一驱动要素做出了巨大贡献。但是，投资驱动型模式是不可持续的推动模式，而且实施时间越长，对国民经济的危害越大。其主要危害在于抑制消费，抑制产业经济内在的活力，从而导致经济发展不可持续。

那么，我国国民经济驱动模式将会如何变化呢？答案是，由投资驱动型模式向消费驱动型模式转变，即主要依靠居民的消费需求、消费能力来推动国民经济增长，消费贡献率至少要适当高于投资贡献率。对世界经济历史的研究表明，一个国家在基本完成工业化进程之后，其国民经济将逐步转变为以国内消费需求为主导的内生型增长模式，经济驱动模式将逐步向消费驱动型模式转变。这是经济发展的规律。

2."市场化"将成为产业经济的主要特征

"市场化"指的是市场，或者说是商业法则，决定着企业经营活动的选择和经营活动的成败，而不是其他非市场的因素，如国家行政安排等。这一特征是由经济驱动模式的改变所决定的。

在投资驱动经济的发展阶段，国家对某些传统行业给予政策上的倾斜、巨额资金支持，是通过国家手段驱动了行业的繁荣兴旺，如基建行业、钢铁行业、水泥行业等。产业政策、政府支持是这一阶段这些行业中的企业快速发展的主导力量，脱离了这些，企业是发展不到当年的高峰的。而在消费驱动经济的发展阶段，经济发展是要靠消费者的需求来拉动的，生产供给也是要根据消费需求来规划的，决定企业的商业活动以及成败得失的关键因素是消费者，是市场的选择，而不是国家手段。

此外，我国国民经济支柱产业结构也正在发生深刻的变化，正在由传统产业向新兴产业和服务业转变。新兴产业指的是什么？按照《"十二五"国家战略性新兴产业发展规划》的部署，我国重点发展的战略性新兴产业共涉及七大领域，分别是节能环保、新一代信息技术、生物、高端装备制造、新能源、新材料、新能源汽车，这些都是市场化程度高、充分竞争的产业。虽然部分市场参与企业是国有企业，但这些国有企业也同样参与市场竞争，并不是依靠行政手段和政策来进行商业活动，是商业法则在决定着企业的成败。而对于服务业，则不言自明，其服务的是众多的消费者，自然是消费者的选择，即市场，决定了企业的商业选择和经营结果。

"市场化"意味着什么？意味着是市场在决定企业的生死存亡，是消费者的选择在决定企业的商业方向和重大经营决策。

3. 行业竞争形势加剧，发展难度大

竞争是市场经济最为明显的特征。在充分市场化的经济发展阶段，既存在着同业之间的竞争，又存在着"大鱼吃小鱼"式的兼并竞争。

（1）同业竞争。

"市场化"时代，是名副其实的"大众创业"的时代，是优秀人才有自由、有机会开创自己的商业事业的时代。在这个时代，竞争已经渗透到各个非垄断的行业。每一个细分行业，尤其是进入门槛偏低的行业，基本上都已经不存在空白区,大量的资金、人才涌入,占满了一个个"赛道"。

在投资驱动经济的阶段,受限于外部资源的缺乏,主要产业中的市场参与者远没有当下众多,竞争形势远不如当下激烈,市场中的空白区依然留存不少。但是,这个阶段正在结束。当下,越来越多的优秀人才积极涌入到新兴产业、服务业,市场之中只有彼此竞争,而且是充分竞争。

竞争是什么性质的行为?通俗地讲,竞争就是"城池争夺战",面临的是"要么得到,要么失去"的结果,而"失去"很可能导致"出局"。

充分竞争意味着什么?意味着竞争对手会越来越多,会在不经意间诞生;意味着竞争的激烈度在增加,企业的客户资源、市场份额时刻都有可能被竞争对手侵夺;意味着被淘汰的风险在提升,因为竞争对手变得更加强盛的可能性越来越大。

在充分竞争的时代,企业时刻面临着"生死存亡"的临界点。

(2)兼并竞争。

近些年来,我国商业市场中的并购重组越来越多:

在钢铁行业,原宝钢集团与原武钢集团合并重组为中国宝武钢铁集团,成为我国最大的钢铁企业;江苏沙钢集团重整、接盘了原东北特钢集团;建龙集团投资重整哈尔滨轴承集团，参与中钢洛耐的重整，同时布局山西钢铁深加工产业基地；辽宁方大集团并购重组27家企业，业务跨钢铁、有色金属，资产总额超过千亿元。

在建筑防水行业，三棵树涂料公司收购广州大禹70%股权进入该行业；西卡集团收购派丽集团，新增防水业务；北新建材收购蜀羊防水公司、禹王防水公司、河南金拇指防水公司各70%股权，正式进军建筑防水行业。

在服装行业，森马服饰与KIDILIZ GROUP签订合作协议，共同发力中高端童装市场；安奈儿增资心宇婴童公司，加强童装产品研发，扩大市场份额；特步收购韩国衣恋集团子公司，获得K-Swiss、Palladium及Supra三大品牌的所有权。

在零售行业，物美并购美廉美、新华百货、时代超市，收购重庆百货、麦德龙中国；国美并购永乐；京东收购五星电器；苏宁国际控股家乐福中国；苏宁易购收购万达百货、OK便利店；广百股份与广州友谊重组整合。

并购重组加剧是"市场化"的必然结果。当企业发展到一定体量时，并购重组是其快速增强竞争实力、扩大市场份额最有效的方法，是具备一定体量和竞争优势的大型企业的必然选择之一。

但对于中小企业老板，并购重组却是关系企业生命的行为。兼并竞争有一个显著的特征，即"大鱼吃小鱼"，然后"大者越大""小者越小",小企业要么成为大企业的附庸,要么被淘汰。以往的竞争是争夺市场份额,而兼并竞争是让一家企业消失。

这是行业在深度洗牌,要产生巨头企业,但也必定会让众多内生能力弱的企业折戟沉沙。

未来企业增长要靠内生能力

当投资驱动型模式消退,"市场"越来越成为商业社会的决定力量,竞争形势愈演愈烈时,企业靠什么来实现增长和发展?唯有靠内生能力。

这是时代的大势所决定的,也是商业的法则所决定的。

在国家产业结构升级的大背景下,原先引领国民经济发展的重资产、高能耗、高污染的行业被整顿,产能被压减,取而代之的是新兴产业,是低能耗、高效益的中高端产业和现代服务业。靠国家资金支持、靠自然资源和低廉的劳动力资源粗放式发展的行业和企业将逐步让出市场主体地位,靠市场、靠内生能力获得竞争优势的行业和企业必将成为新阶段的市场主体和主导者。这是因为"市场化"代表着未来,而内生能力是"市场化"模式下唯一可依靠的因素。

内生能力是什么?简而言之,就是对"增长规律"的认知和实践能力。增长有规律,谁能更正确地认识到,谁能正确地去实施践行,谁就会成为市场的赢家。

增长之道必须升级

古人说：时移则势异，势异则情变，情变则法不同。时代形势发生了深刻的变化，商业环境自然会大为不同，企业的增长之道必然要更新、改变。

对于中小民营企业来说，增长之道是生存和发展之本。这一"根本"将如何变化？习近平总书记在党的十九大报告中明确指出："我国经济已由高速增长阶段转向高质量发展阶段。"经济发展阶段决定商业选择，中小民营企业的增长之道也要从高速度、高规模向高质量转型。

高速度、高规模增长模式的由来和特点

改革开放，是中国历史上最伟大的决策之一，这使蹒跚起步的新中国以崭新的姿态快速迈入了新时代，开启了商业时代的新篇章。

1. 投资驱动型决定了高速度、高规模

如同其他新商业文明起步阶段一样，在改革开放初期，为了推动国民经济快速发展，国家采取了扶持市场的积极产业政策，大量的资金被投入到影响国家经济命脉的重要产业，一项项具体的便利措施被投放给国有单位、私营企业。

如前文所述，这是投资驱动型的发展阶段，投资造

就了产业机会，带来了商业发展。据新华通讯社报道，1998～2002年，我国累计发行6600亿元的长期建设国债，用于基础设施和生态环境建设等，并带动了3.2万亿元的社会总投资规模；2008年，为应对全球金融危机，避免我国经济硬着陆风险，中央出台了扩大内需、促进经济增长的十项措施，并形成了一揽子计划。经初步匡算，共需投资4万亿元。其中，重点投向铁路、公路、机场、水利等重大基础设施建设，城市电网改造，廉租住房建设和棚户区改造等保障性安居工程、农村水电路气房等民生工程和基础设施等领域。

投资驱动型时代，是对外扩张、以速度和规模取胜的时代。

在这个时代，一方面，市场供需关系远未达到供过于求的地步，需求空白依然大量存在，只要掌握资源和生产要素，就可以运转机器，获取财富和利润，房地产、汽车、服装服饰、餐饮、医疗医药、大健康等行业皆是如此；另一方面，是生产供给在驱动国民经济主要产业的发展。资金投入创造新的行业、增加新的产品，引导消费者产生消费需求、消费行为，从而促进经济繁荣。可以说，谁掌握了产能，谁就掌握了商业的主动权。在供给尚未严重过剩的前提下，供给是经济发展的核心驱动力。

这意味着什么？意味着在这个时代，时间和效率就是金钱，谁能抢先把握住商机，谁就能占据先发优势，首先建立起市场地位，大概率成为市场的胜出者。高速度等于高收益。同时，这个时代也是规模优势的时代。什么是规模优势？就是当一个企业的业绩规模、市场规模和资产规模明显超过同行其他企业时，该企业将拥有市场的主导权，而且更容易获得资本市场的青睐，更有能力获得更高层级的发展。时代提供了扩张的机会，商业规律又使大中型企业有本能的渴望去扩大规模。我们曾经问一些企业家：企业先做大，还是先做强？他们回答：先做大。因为只有先做大了，有了规模，才有资本来支撑变得更强。这就是当时企业家的心声。

"跑马圈地"、高速度、高规模是这一阶段企业的增长之道，是取胜之道，对外扩张的效率和规模是关键成功要素。

2. 高速度、高规模增长模式的特点

民营企业老板需要认识到这一增长模式的特点，以便在新的时代更加有针对性地改变企业的经营管理方略。这一模式的显著特点如下。

（1）要素驱动。要素驱动指的是企业的发展增长主要依靠各种生产要素来推动，如资金、土地、劳动力、商业资源等要素。房地产企业主要依靠资金、土地资源来开展建设运营、扩大规模，传统的代加工企业主要依靠雇用大量的廉价劳动力来开展生产、扩大规模，传统的服装服饰、

餐饮类企业也是主要依靠廉价劳动力来开展运营、扩大店面。

我们知道,影响企业发展的主要因素既有内在的经营、运营管理能力,也有外在的有形、无形资源要素。在高速度、高规模增长模式下,传统行业的企业老板往往选择了最为简单的方法:要素驱动,靠要素的"量"来实现企业增长的"量"。客观地说,这并非错误,这是商业发展的必经阶段。这是因为要素能够帮助企业快速实现业绩增长、规模扩张,而企业也尚未真切感受到经营管理这一内生能力的重要性。

(2)粗放式管理。必然地,在这一增长模式下,经营管理因为不是企业增长的主导因素,总体上处于较低层次的水平,一般只发挥基本的、维持业务及职能工作正常运转的作用,以保障实现业绩目标为目的,而非以提高运营效率和经营效益为目的。

在这种模式下,企业的管理总体呈现"粗放式"的特点:

- 重视投入外部资源,不重视挖掘内在潜力。主要依靠外部资源实现企业的经营发展,意识不到管理的能量和人才资源的效能,更没有"人力资本"的意识。
- 重视投入外部资源的数量,不重视提升资源的效能。缺乏资源"单位效能"的意识，片面重视数量的作用，靠资源的数量堆积出业绩和规模。
- 高投入、低产出，投入产出比偏低。不重视资源的效能，必然导致资源的单位产出偏低，投入巨量的资源，而实际产出与之根本不成正比，资源实质上是被大量浪费了。
- 内部管理粗糙，流于表面化、形式化。企业只有大框架的或是若干项简单的管理规则，或者只有管理理念，缺乏有效、科学的机制设计，缺乏规范化、专业化的运作流程和制度规定，或者有制度、流程，但是形同虚设。企业还停留在"人管人"的阶段。
- 管理效能低。内部管理停留在规范工作、规范纪律的层面，不注重通过管理来挖掘组织与人力资源的潜力，导致运营效率、组织效率和资源效率都偏低。

（3）人效低。人效低是粗放式管理的显著特点，也是必然结果。人效，可以理解为"人均业绩"。人效是衡量一个企业经营管理能力的重要指标之一。

人力资源是企业的各种资源中最具备创造力和增值能力的要素，也是企业经营管理的主体。人效低，意味着人力资源未得到充分的激发和运用，企业在经营管理决策层面没有发挥出人才的作用，在运营及业务的执行层面没有发挥出人力资源的作用，企业只是在运用劳动力，重视劳动力的数量，而没有对人力资源进行开发，没有发挥出人力资源本就有的高价值、高效能。在这种模式下，人力资源更接近于"成本"，而不是"资本"。

人效低，企业的经营管理能力必然低。人效低的企业，总体上是一个低效的、初级的组织，只是在依靠外在的有利环境推进业务。一旦外部环境变得不友好，"风口"没有了，肯定是要摔下来的。

高速度、高规模增长模式已成为过去

时至今日，高速度、高规模的增长模式已经成为过去式，现在已经不是投资驱动的经济时代了，更重要的是，企业的经营环境已经发生了深刻变化。

1. 经营环境的改变：由"三低"到"三高"

哪"三低"？低原料成本、低劳动力成本、低环境成本。低原料成本、低劳动力成本指的是企业经营所需要的原材料、劳动力资源等的成本是偏低的；低环境成本指的是企业的营商环境是友好、宽松的，企业同上下游企业之间的交易和沟通成本是偏低的，竞争形势是偏柔和的，融资渠道是通畅的，这样，企业的商业成本偏低，商业效率偏高。

在投资驱动的经济发展阶段，企业在外部依靠资源要素，在内部施行粗放式经营，就可以实现高速度、高规模，而且还可以获得高利润。这是为什么？为什么在效能不高、资源明显浪费的情况下还可以实现较可观的利润？这正是因为"三低"的存在。高速度、高规模可以实现业绩的快速攀升，而企业各类成本偏低，营商环境友好，使得虽然人效不高、浪费较多，但依然有较高的利润率。

"三低"已成为历史，现在是"三高"的时代。"三高"是什么？与"三低"相对应，指的是高原料成本、高劳动力成本、高环境成本。"三高"的市场形势使企业的经营成本显著上涨，利润空间被大幅度压缩，企业进入"微利""薄利"时代，企业面临前所未有的挑战。

（1）高原料成本、高劳动力成本。

自2010年，我国物价开始了长期的上涨趋势，当年11月CPI就达到了历史最高点5.1%。为什么物价在持续上涨？直接来看，主要是因为国民经济中各类工业品原材料价格都在连续上涨、大幅度上涨，而且劳动力价格也在攀升。

2017年，隶属于财政部的中国财政科学研究院进行实地调研后发布了关于企业经营成本的专项报告——《降成本：2017年的调查与分析》。该报告综合分析了分布在我国东部、中部、东北部和西部的涉及15个行业的各类型共计14 709家企业的相关信息，认为"企业成本水平已经超过收入，企业利润空间被挤压到极限"。具体而言，"分地区来看,东部地区企业经营状况稍好,而东北和西部地区连续三年总成本费用占营业收入比重在105%左右,情况堪忧。从企业规模看,小微企业经营状况不好,总成本占营业收入比重连续三年在102%至104%之间,处于亏损状态。""样本企业资产负债率在63%左右,财务风险较高,企业间债务相互拖欠情况较为严重。"

中国财政科学研究院进一步认为,近些年来,企业经营所涉及的人工成本、用地成本、原材料成本等呈直线上涨趋势。而且,由于成本上涨主要是产业结构调整及经济驱动所造成的,因此短时间内成本难以明显降低。

自国家推行"三去一降一补"政策以来,虽然税负压力有所缓解,但劳动力、原材料、物流等成本上升的影响因素依然存在,且由于受到国外大宗商品交易市场的不利影响,我国主要工业原材料接连发生"涨价潮","刘易斯拐点"也使劳动力价格上涨成为不可逆的趋势。

(2)高环境成本。

国家推行的"降成本"政策在一定程度上缓解了企业的成本压力,改善了营商环境。国家政策是积极的,但从纯粹商业的角度来看,影响企业经营的市场性环境依然不容乐观。

1)买方市场形成。投资驱动经济的时代正在退去,现在是买方占据主导地位的新时代。企业变成了客户所需要的产品、服务的提供者,而不是主导者,企业的生死存亡、发展或者衰败由客户、市场决定。曾经"跑马圈地"、以速度和规模优势"攻城略地"的企业必须摘下光环，放低姿态，以市场服务者的角色开展商业经营活动。买方市场的形成，意味着企业必须更换掉原有的增长模式，换以新的、更有效率和竞争优势的增长路径。

2）竞争形势加剧。"市场化"是新时代商业环境的典型特征，同业竞争、兼并竞争只会越来越激烈。面对几乎无处不在的竞争对手和各种各样的竞争手法，"生存或者消亡"必然是民营企业，尤其是底子薄弱、缺乏竞争优势的中小民营企业时刻都要面对的重大课题。严峻的竞争形势使企业的生存空间被进一步压缩，企业要么胜出，要么被淘汰。

面对竞争，传统企业可能还会选择"价格战"，希望通过"价格战"将对手挤出市场，但在原料价格、劳动力价格持续上涨的大背景下，把降低价格作为竞争手段无疑是自我毁灭。大型企业使用价格战尚且"伤筋动骨"，中小民营企业如何敢打价格战？如何敢参与价格战？结果必然是亏损，甚至是关停倒闭。

3）融资难。客观地说，中小民营企业因自身存在的不足，并不是我国金融机构的重点贷款投放对象。虽然国家出台政策鼓励贷款普惠，但融资难依然是中小民营企业经营发展过程中的瓶颈之一。

2. 企业高速度、高规模增长模式面临危局

我们看一下2018～2021年企业PMI指数图（见图1-3）。PMI指数是国际公认的反映商业活动增长或是衰退的权威指标。

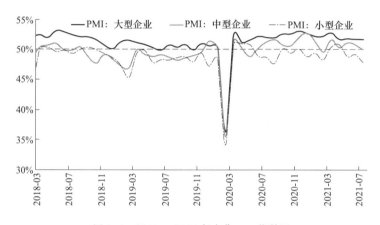

图1-3 2018～2021年企业PMI指数图

资料来源：Wind、泽平宏观。

PMI指数以50%为荣枯分水线。高于50%，说明经济活动在扩张；低于50%，说明经济活动在萎缩、衰退。

近些年来，我国中小民营企业确确实实陷入了经营困境。其中，小型企业更是长期处于荣枯分水线以下，可以说陷入了"经营危局"。

为什么中小民营企业遭遇了严重的经营困境？最直接的原因就是"三高"取代了"三低"。

传统企业一直以来采用的还是高速度、高规模的增长

模式，但是这一模式所依赖的经营要素价格几乎全部都在上涨，企业综合成本持续攀升，同时，由于外部商业环境越发苛刻，企业难以有效提高产品价格，难以快速达到更大的市场规模，以前的"跑马圈地"只能变成"步步蚕食"。业绩难以获得、成本居高不下，在这种"外紧内忧"的局势下，企业的利润空间越来越小。中小民营企业更是因市场地位原本就低，而议价能力和市场影响力弱，利润直接被挤压至"微薄"，甚至"殆尽"。

旧模式已经被取代。在新的经济发展阶段，企业高速度、高规模就等同于无利，中小民营企业这么做，更是等同于亏损和倒闭。企业增长不能再靠外部要素，不能再靠低层次的价格战，要靠对"增长规律"的认识和把握，要向"增长规律"要效益。

增长模式必须转型，向经营管理机制要效益

增长模式要转型，要从依靠外部要素的"数量"转型为依靠内在能力的"质量"；增长之道要升级，要从粗放式、低人效升级到精细化、高人效。其本质，是将企业增长的驱动力转换为经营管理这一内生能力，并且提高这一内生能力的产出效能。

在高速度、高规模增长模式下，企业更像一个"简易的转换器"，将外部的资源按照作业程序简单地做一个加工，就把产成品提供给了客户。这种模式下的企业，生产力和生产效率都是低下的，其产成品必然不具备较高的市场价值，这样的企业只适合生存在宽松的、初级的经济发展阶段。当市场经济逐步迈向深度发展的阶段，企业就必须把"简易的转换器"换成"精密的组织体"，要把自身打造成一个高生产力、高效能的组织系统，通过组织系统的能量获得经营优势、竞争优势、成本优势，从而在市场经济中胜出。换言之，企业要从"风口的猪"变成"全天候的高手"。

我国经济已经进入了"高质量"发展阶段。这一阶段的核心要求就是彻底改变过去主要靠外部资源投入和规模扩张、忽视经济发展质量和效益的粗放式增长模式，转变为高质量、高效益增长模式。必然地，作为经济活动的一分子，企业也要彻底放弃原有的高速度、高规模增长模式，与经济增长模式同频。

高盈利的增长规律

高盈利的增长规律是什么？换句话说，高盈利的经营管理规则是什么？自20年前，便不断有有识之士号召"中国民营企业需要学习管理、重视管理，要向管理要效益"，但可惜的是，绝大多数中小民营企业不为所动。时至今日，形势逼迫，必须要学习经营管理规则了。

增长规律的内涵：抓住企业增长的"一"

增长规律是什么？或者说，在充分市场化的背景下，对于企业来说，高效能的经营管理规则是什么？这是门大学问，我们以"一"贯之。

企业的增长是一件什么样的事？从基本层面上来说，就是"可以持续不断地为客户提供产品，客户愿意持续地为企业的产品支付高于成本的金钱"的事。分解起来，主要包含以下五项行为（"增长五项行为"）：

- 确定方向：确定"谁是我们的客户""客户需要的是什么""为了满足客户需求，我们要提供什么产品和价值"。
- 决定策略：确定"如何让目标客户知道我们的产品，知道产品的价值，并愿意高于成本价购买""如何让客户更愿意购买我们的产品，而不是竞争对手的类似产品"。
- 设定关键要素：确定"是什么关键要素在驱动产品的研发、生产、销售、服务等""是什么关键要素能做到把满足客户需求的产品交付给客户"。
- 管理关键要素：确定对关键要素的管理机制和制度，保障关键要素做到上一项。
- 做到持续：让"确定方向、决定策略、设定关键要素、管理关键要素"四项行为能够持续良性运转。

当然，企业的经营管理内涵是丰富和复杂的，但上述五项是主脉络、主逻辑，可以理解为企业增长的"一"。这个"一"的答案，就是增长规律的内涵，就是高效能经营管理规则的内涵。答案越接近本质，效能越高。

企业增长模式的转型、增长之道的升级，主要就围绕着上述五项来展开。

增长之道要升级，必须实现六大转变

转型、升级意味着革旧迎新。"旧"是原有的增长做法，"新"是高效益的增长做法。革去旧有的什么做法？换为什么新的做法？

1. 从机会主义到战略导向

这是能否实现可持续增长的关键。企业的事业能否长期存在，客户是否会持续购买企业的产品，企业能否长期盈利，都取决于此。

机会主义是什么？是投机思维，看到什么有利可图就去做什么生意，这桩生意利润微薄了，机会没了，就立马改做其他生意。机会主义是众多中小企业做不起来、做不大的根本祸因。

机会主义损害中小企业的核心原因有两点：

其一，机会主义导致做事肤浅，不培育商业真能力。机会主义者靠什么获取财富？靠眼光及早发现社会给予的机会。客观地说，发现机会是绝大多数企业，包括卓越企业的共同特点，但区别在于"发现机会之后怎么做"。机会主义者在发现机会后只做一件事：招人做业务，把钱赚回来。他们会对前面提到的"增长五项行为"去做深度思考和决策吗？根本不会去做。这也就意味着，机会主义者只是在趁着机遇期捞钱，根本不去做与增长、发展有关的事，也自然不去培育经营企业、增长发展的能力。机会来了赚钱，遇到困难转移。

其二，机会主义者是投机思维、短期主义。他们没有做长期事业的志向、意志、决心，也不培养可以长期做事业的能力。历史证明，只有长期主义者才可以获得真正的成功，才可以获得更多的财富和收益。短期主义者眼光狭窄短浅，看不到真正的财富在哪里，也不关注如何获取真正的财富。

在机会遍地的时代，机会主义者或许可以赚些小财富，但在充分竞争的时代，各个机会点均站满了有企图心的人，盈利难度成倍提高。抱着机会主义的态度去做商业、做企业，能够持续盈利吗？能否生存都是一个大问题了。

战略导向是什么？是把经营企业作为一项要长期去做的事业，是严肃理性分析"增长五项行为"，拿出科学的增长方案，做到持续不断地去获得客户、获得市场、获得发展。

古人说：功者难成而易败。战略导向解决的是"功者难成"的问题,因而企业具备持续发展的能力,因而虽然"三低"变成了"三高",但企业有应对的意识和能力。机会主义者只会被湮灭。

2. 从同质化到差异化

这是企业能否持续盈利的关键。经营企业首先要回答的问题是:谁是我们的客户?我们要给客户提供什么产品?客户为什么愿意购买我们的产品,而不是竞争对手的类似产品?这些问题解决了,企业自然也就立住脚了,也就有了持续盈利的可能性。客户对你有需求,竞争对手又抢不走你的客户,怎么可能不盈利、不增长?

然而,传统行业中大量的中小民营企业却陷入了经营困境:产品不好卖,客户挑挑拣拣、动辄选择了竞争对手,想降价吸引客户,但企业亏钱、员工不赚钱,企业散了……恶性循环,苦不堪言。这是同质化策略造成的苦果。

当发现了客户的某一需求时,众多企业蜂拥而上,短时间内市场上集满了同样性能的产品,看起来是商业繁荣,而唯有老板知道经营的苦:要想有客户,只能采取低价策略;对手也降价,只能打价格战;最终是薄利、微利、无利而出局。近些年来,为什么会有那么多中小民营企业关停倒闭?同质化、价格战、无利而出局是主要原因。

为什么会出现同质化现象?从决策者的角度来说,是"急功近利赚快钱"和"缺乏商业智慧看不到创新点"导致的。客观地说，不少中小民营企业老板欠缺经营能力和商业智慧。

不要同质化，而要差异化。什么是差异化？即在目标客户选择、产品选择、经营模式选择上区别于竞争对手，创造出属于自己的一片"蓝海"，避开恶性竞争。做到差异化，客户便更倾向于你的企业、你的产品，企业的竞争优势便建立起来了，持续盈利自然不是难事。

3. 从重营销到重产品

这回答了"如何让目标客户知道我们的产品，知道产品的价值，并愿意高于成本价购买"，解决的是营销策略的问题。

如何让客户愿意购买我们的产品？

传统的做法是靠营销。花重金做广告，宣扬产品的价值，让客户对企业的产品有认知度；提升销售人员的口才和职业素质，靠销售能力说动客户购买；广铺渠道，通过返点、合伙、让渡股权等措施激励渠道商推广企业的产品；开展一场又一场促销活动，降价让利。本质上，上述方式主要是通过说服，以及必要地让渡"便宜"让客户产生购买欲望和行为。

这是最常见的、最普遍的做法。我们不能说这种做法是错误的，但这种做法的效率并不高。原因有二：

其一，现在是产品过剩的时代，各类产品品类丰富、多样化，客户可以自由选择的空间大。

其二，客户评鉴产品价值的能力越来越强。信息化技术的推广使用，使客户可以通过很多渠道来获取某一产品价值高低、好坏的信息，客户会进行综合分析，判断某一产品是否值得购买。

这两个原因会导致什么？当销售人员向客户推销产品时，客户并不信任销售人员所说的，因为他有一定程度的判断能力；当客户知道市场上有性价比更高的产品时，客户会不理会销售人员所说的，他已经做出了判断。客户有"判断能力"将会严重降低营销效率。只有在非理性状态或信息闭塞的地区，一味靠营销的做法才会有较好的效果。然而，三十多年的商业进程、信息化技术的推广使用，使得这两个条件越来越难以成立。

这里面的关键因素是什么？是产品，准确地说是产品价值。当客户的购买能力增强、判断能力增强时，最好的影响客户购买决策的因素就是产品价值。营销的作用在下降，"产品主义"才是王道。产品有能够满足客户需求的价值，价格是公道的，这才是打动人心的根本。在这个基础上做营销，营销的效率才会高。

4. 从重业绩到重人才

这回答了"是什么关键要素在驱动产品的研发、生产、销售、服务等""对关键要素的管理机制和制度"，解决的是运营和交付机制的问题。

传统的做法是不关注关键要素，只关注业绩这个结果指标，运营和交付只围绕着"定业绩目标—做业绩—考核业绩—奖罚"这一主线来做。

只关注业绩主线的做法是简单粗暴的，只求结果，不问过程，更不关注关键要素，这种做法有什么后果吗？

在市场发展的初级阶段这么做是可以的，因为市场尚处于机遇期和窗口期，讲求的就是快速占领、抢先获取。这个时候，通过直接下达业绩目标要求，就可以达到这一目的。但当市场进入竞争期、饱和期时，这种一味重视业绩目标的做法就很难发力了。因为企业在竞争期、饱和期所遇到的发展瓶颈根本不是靠业绩管理就可以解决的，需要的是更高层次的智慧和方法。

那么，靠什么？靠的就是驱动企业发展、业绩增长真正的关键要素，即人才。"得一人而成一功业，失一人而失一功业。"不得人，业绩目标只是"小打小闹"；得人，业绩目标自然不是问题。只关注业绩，是"舍本逐相"，"本"若弱，"相"⊖会很快破灭；关注人才，才是抓住了根本，"相"自然会稳固。

企业即人，人才管理才是企业最根本的管理之道。

⊖ "相"是佛教用语，可以通俗理解为外在的现象。

5. 从粗放式管理到精细化管理

如前文所述，在投资驱动经济的阶段，中小民营企业的管理风格是粗放式的，没有更进一步的、科学细致的机制设计、制度设计、组织管理体系设计。这是投资驱动、要素驱动模式下的普遍选择。

但是，进入到新的发展周期，当增长之道由依靠外在资源转变为依靠企业内在能力时，粗放式管理必须改变为精细化管理。唯有精细化管理，才会让战略导向、差异化战略、产品主义、人才管理落到实处，落到真切处，才会产生真正的实际效果。

怎样算是精细化管理？围绕"增长五项行为"，通过严谨理性的分析，确定方案思路，进一步细化为关键动作，进而转化为操作行为，做到这种程度的管理，即可称为精细化管理。精细化管理不是高强度管理，也不是高密度管理，而是将企业所需要的管理理念和管理措施细化、量化、可操作化，其目的是让管理理念、管理措施落到细微处，进而产生实际效果。

粗放式管理疏漏偏多，起不到实际作用。精细化管理犹如外科手术，落地动作精密、细致、到位，如此，才可以真正产出高绩效的结果。

6. 从低人效到高人效

偏重外部要素，内部做粗放式管理，重视业绩规模而非人才，这样的管理模式必然是低人效的。

在投资驱动经济的阶段，低人效还可以有高利润，那是因为"三低"的存在。但是，"三高"已经取代了"三低"，且成为长期存在的现象，低人效便意味着无利，甚至是亏损。新的经济发展阶段，企业必须靠经营管理来发力，要通过挖掘经营管理的效能来获得竞争优势，来实现可持续的增长。在这一阶段，只有高人效才可以对抗"三高"，唯有高人效才会有高利润。因此，企业必须追求高人效。

怎样实现高人效？只有靠增长模式转型，企业要完成从机会主义转变为战略导向、从同质化转变为差异化、从重营销转变为重产品、从重业绩转变为重人才、从粗放式管理转变为精细化管理的任务。

高人效是增长模式转型的落脚点，也是监测指标。增长模式转型有效与否，要通过人效有无明显提升来评判。

高盈利的增长规律：五力模型

大势所趋，合之则兴，逆之则衰。旧的时代在远去，充分竞争的"市场化"将成为常态，面对"高原料成本""高劳动力成本""高环境成本"的市场形势，中小民营企业如何突破经营困境？又如何成长壮大、由弱变强？

伟大的事业需要高维度的、科学的、系统的理论指导。中恩教育通过研究我国传统行业中小民营企业近30年的成败得失，提出了普遍适用的、以高人效和高利润为核心目标的增长模型——五力模型。五力模型是适用于中小民营企业的增长规律，是未来10年实现商业高增长的科学路径。

1. 战略力

从机会主义转变为战略导向，是伟大商业事业的起点。战略构建了事业发展和基业长青的理论与实施规划，是一家企业实现高增长的核心所在。无战略，则是随波逐流，随时可能触礁搁浅；有战略，则是方向明确、路径清晰，可以披荆斩棘、奔赴星辰大海。

战略是什么？"战"就是做什么，"略"就是不做什么，战略就是方向选择，明确做什么可以实现未来，不做什么可以不干扰未来，以及如何做才能实现未来。

高效能的战略力是什么样的？

（1）以用户为中心。

企业存在的目的只有一个：满足用户需求。企业必须将满足用户需求作为所有经营管理活动的出发点和落脚点，以为用户创造其所需要的价值为最高经营宗旨；必须杜绝以老板个人意志为中心、以现有产品性能为中心的错误理念和行为。

（2）差异化战略。

在竞争的"红海"中开辟一条"蓝色通道"，要为用户创造与众不同、独一无二的有价值产品，要让企业成为用户的"少数选项"。放弃跟随式战略，坚决不打造同质化产品，避开不必要的竞争，要从细分行业中寻找到独有的商机，走出一条"人无我有""人有我优"的蹊径。

（3）聚焦，做到极致。

明确业务方向和战略定位后，要将有限的资源聚焦在既定"赛道"上，要奉行"压强原则"，集中优势资源聚焦在某一市场单点上做强力突破，要培育竞争优势。只有更聚焦，才更懂用户，才会更有优势；只要更懂用户，企业就不会被用户抛弃。

企业要秉持"1米宽10 000米深"的匠心精神打造极致产品和服务，打动用户，成为用户的首选品牌。

（4）专注，保持战略定力。

始终以战略目标和事业的根本宗旨为指引，远离市场诱惑，不做与战略目标和事业的根本宗旨无关的业务，不轻易做"多元化"。做到专注，坚持聚焦原则。

2. 组织力

企业要打造出组织力，通过组织的能量来实现战略目标。企业的组织力指的是什么？中恩教育认为，企业是为了实现目标，由一群人按照科学的规则组成的一个组织体，这个组织体的核心要素就是"人"和"规则"，"人"即员工，"规则"主要体现为组织结构，包含工作分工、协作及管理关系等。可以说，企业的组织力指的就是组织结构的效率以及人才力。

企业不断向前发展，业务规模和组织规模不断扩大，很容易患上大企业病，即"组织肥胖症"：层级多、效率低、成本高、执行力差。导致"组织肥胖症"的重要原因有以下两个：一是管理不够精细化。组织结构"叠床架屋"，管理流程冗长繁杂，工作人员超编而工作量"不饱和"。二是团队疲软，缺乏人才，人员没有创业期的奋斗精神，贪图安逸、舒适，思想保守。

管理要有效率，组织需要精简。什么样的组织结构具备高效率？管理实践证明，是扁平化的组织结构。被誉为"世界第一CEO"的杰克·韦尔奇对"庞然大物"通用电气的改革，主要措施之一就是组织扁平化、精简人员，通用电气在杰克·韦尔奇任职CEO期间，组织层级从八级缩减为3～4个层级，近1/4的部门被砍掉，三百多个经营单位裁减合并为13个主要部门。杰克·韦尔奇的组织改革以及战略调整，使通用电气的市值从全美排名第十变为全球第一。

关于人才力，其重要性毋庸置疑。习近平总书记说："人才是第一资源。古往今来，人才都是富国之本，兴邦大计。"⊖ 国家如此，企业也是如此。人才是企业的第一生产

⊖ 2016年4月19日，习近平在网络安全和信息化工作座谈会上的讲话。

力。有人才，用好了人才，企业的增长不是难题；没有人才，或者不会用人才，企业即使有增长，也很快会陷入经营困境，沦为平庸。

高效能的人才力是什么样的？

（1）先人后事。

一些中小民营企业老板是普通思维：重视做事，不重视用人，耗费不少的时间用于解决一项项具体的事情，而对企业的核心要素"人才"不做有效的管理动作。

企业一切事都是人完成的，人创造一切，人决定了事情的质量和效果。企业老板必须改变思维，做到"先人后事"，先让人才"上车"，把人才的吸引和管理作为企业管理的首要大事，把人才战略作为企业的第一战略。用人做事，通过管人实现管事，老板要从繁杂的事务中抽身出来思考企业经营管理的重大决策。

（2）找对人。

充分竞争时代，一切都在分化、细化，在向精深的方向拓展。产业在分化、行业在细分，商业模式、经营策略、产品设计、市场营销、生产管理、人力资源管理等都是如此。

"精深"意味着什么？意味着必须专业化。只有专业化，才可以做到"精深"；只有专业化，才会做出高水平、高效能、极致的产品，才会让企业突破平庸、突破瓶颈，实现持续的业绩高增长、高人效。

专业化人才恰恰是中小民营企业最缺乏的人才。企业老板要把专业化人才的招聘、选拔作为人才管理的首要工作，逐步减少非专业人才的比例，提高专业化人才的密度。他们才是人力资本，才是真正的财富。

3. 创新力

创新什么？首要就是创新产品。企业成立的宗旨就是为用户提供产品及价值，满足用户的需求，产品是企业存在的基石和命脉。为什么销售业绩难以突破？为什么很多中小企业做不起来？为什么有些企业还没"长大"就消亡了？核心原因之一就是产品做得不好，产品设计缺乏创新力，企业只是按照传统的理念去做产品，因循守旧，因而不被客户认可，被市场淘汰。

如何创新产品？

要坚持用户导向来创新产品。

创新产品，不是要求企业不断地开发新产品，丰富产品线，而是要对用户的需求有敬畏之心，要坚持"以用户为中心"，创新出对用户真正有价值、与众不同的产品。

切忌"自嗨型"创新。不要以自我意志为中心，想象用户的需求是什么，而要以实事求是的精神切实分析、判断用户的痛点需求。可以说，创新产品的灵魂就在于深度了解用户——用户喜欢什么，需求是什么，用户的第一大痛点是什么，企业要在此基础上做产品研发和创新。不要在客户没有预期的地方做极致创新，更不要有"销售导向"的思维——有什么卖什么，否则只会是"有产品，无客户"。

所谓创新力，从根本上说，是要以用户为导向，反向驱动企业变革，不断地升级产品、技术、管理等，来引领和满足客户需求，进而达成企业目标、实现企业持续发展。因此，创新力不仅仅是对产品的创新，更是对企业经营管理全要素的升级和创新，企业要通过全要素的创新来获得竞争优势。可以说，创新力是中小民营企业摆脱平庸、获得新生的"千金方"，更是获得市场竞争优势的不二法门。企业真切地去创新，将实现"改变—突破—飞跃"的质变。

一个没有创新力的企业，是一个没有灵魂的企业；一个没有核心技术的企业，是一个没有脊梁的企业，这样的企业很难做起来，是没有未来的。没有创新力的企业很难获得定价权——产品涨价，客户不买；产品降价，没有利润。具有创新力的企业就会有核心竞争力，更易获得定价权——产品涨价，能获取高利润；产品降价，能获取市场规模利润。

中小民营企业要在正确的战略下，加强企业创新精神，跟上时代的步伐。

4. 分配力

企业的核心在于利润，利润的核心在于经营，经营的核心在于人才，人才的核心在于激励，激励的核心在于分配，分配的核心在于薪酬。

人才是企业第一战略资源。企业要提高组织能力，就需要改变薪酬分配机制，调动人心、激励人心，提高人效，只有如此，才能持续获得高业绩、高利润、高增长。那么，如何激励、激发人才？要设计什么样的分配机制？

（1）以奋斗者为本。

华为做到卓越的密码是什么？核心之一就在于坚持"以奋斗者为本"的理念。

奋斗者才是企业最宝贵的财富，是真正的生产力资源。"用力者强，用心者胜。"奋斗者是"用心者"，他们愿意将自己的才能、心血奉献给职业和企业，精益求精，打造极致产品，永不满足于现状，希望自己能够发展，更希望跟随企业或者带领企业向更高层次发展。

企业的分配机制一定要向奋斗者倾斜。

（2）会分配、会激励。

怎么做好分配？通过薪酬、绩效、分红和股权二大机制设计，实现多劳多得，让有贡献的人"发财致富"。

薪酬机制、绩效机制侧重于满足员工的物质需求，以物质利益激励奋斗者、高绩效者，是有效的短中期激励机制。

分红和股权机制，也就是合伙人机制，不仅是物质利益的回报，更多的是一种长期激励，重点在于激励长期参与企业经营的核心骨干共同持续奋斗。华为没有上市，而是将绝大多数股权开放给员工，而创始人任正非只有极少的股权；万科董事会主席郁亮说，职业经理人制度已经死亡，事业合伙人制度是必然趋势！悄然兴起的合伙人机制是管理方面一次大的突破。合伙人机制，让员工充满活力和激情，最大限度地发挥自我价值！

企业的核心机制就是分钱，会分钱是一个企业家能够成熟把握人性的标志。任正非曾说："钱分好了，管理的一大半问题就解决了。"分配机制做好了，才会有"铁军"团队。

5. 文化力

企业的战略力、组织力、创新力、分配力如何正确地落地，不走偏？怎样才能让团队成员发自内心地信赖企业，并产生强大的向心力、凝聚力、战斗力？企业如何突破自我？如何才能够基业长青，在更长周期内被用户认可、被市场认可？唯有靠企业文化。企业文化是指导企业各项经营管理活动的思想纲领，是一个企业全体员工事业理论的灵魂。

文化思想是人类社会最为强大、最为根本的力量，统领着技术、制度、体系、结构等的运作活动。企业文化也是如此，企业文化明确了企业发展事业的方向、宗旨和必须遵守的基本原则，所有的生产经营活动唯有在遵守文化纲领和原则的条件下才可以达到既定的目的。企业文化通过影响全体员工的潜意识、价值观为企业的事业保驾护航，是最高层次的经营管理方式。

要建立什么样的文化力？

（1）对社会要有"善"。

"善"是最伟大的力量，也是人心所向。做到了"善"，也就做到了"安身立命"。

商业是什么性质的活动？如果是自私的、唯利的、损人利己的，那么，企业必然要被客户抛弃，即使侥幸发展壮大，"三鹿奶粉"式的结局也必然会到来；如果是双赢互利的，是为客户利益着想的，那么，企业必然会被客户所信赖，只要合道经营，企业发展壮大就不是难事。

企业对市场要有敬畏之心。"炮制虽繁必不敢省人工，品味虽贵必不敢减物力"，要以诚敬之心做企业、做商业，去做时间的朋友，去谋求长远的发展。"善"是企业经营之道的最高纲领。

（2）对企业要有"道"。

经营有道理，增长有规律。合道才能兴盛，逆道必然消亡。

经营有"道、法、术、器、势"，企业文化要反映"道"，反映企业经营管理方面正确的原则、价值观念。企业要通过企业文化的塑造使正确的原则、观念为包括决策层在内的全体员工所理解和内化。思想决定行为，行为决定结果，思想合道，行为才会正确，才会有好结果。

(3)对员工要有"德"。

员工托起了企业,造就了事业,企业要对员工好,要让员工"有所得"。

对员工的"德"体现为对员工的"好",要让员工的付出有收获、有成长、有发展,不要因为决策者的格局和境界不足亏了员工、负了员工。

企业的事业从来不是一个人的事,而是一群人的事。"得人心"的老板须对员工有"德",使员工"得到"。员工"有所得",感受到了企业给予的"德",才会有信赖感。

要成为第一,"成为第一"才有前景

这是困难的时代,也是最好的时代。"困难"在于商业环境严峻,企业不进则退;"最好"在于老板有自由、有机会让自己的企业变得优秀、变得卓越。

德国管理学家赫尔曼·西蒙在其所著图书《隐形冠军:未来全球化的先锋》一书中提出了"隐形冠军"的概念,它成为适用于中小民营企业发展的流行词。什么是"隐形冠军"?通俗地理解,就是指专注于某一细分行业,在该细分行业做到"专""精""深",产品被客户高度认可、市场占有率"数一数二"的行业"龙头"企业。这类企业最大的特点是追求"小而美",只做单一系列产品,但做到极致,成为"冠军"。

我国传统行业中小民营企业的出路在哪里？

- 中小民营企业缺乏高水平资源，自身经营能力相对不足，并不适合涉及多元化业务。在自身优势不具备竞争力的前提下，聚集资源进行"单点突破"才有比较大的胜算。
- 在充分竞争的市场经济时代，企业要么前进，要么被淘汰。中小民营企业必须迎难而上，要有成为行业领先企业的志向和雄心，并真正地付诸实践。
- 消费驱动型经济下是典型的买方市场，用户成了市场的主导者，企业必须做到符合用户需求才可以生存和发展。如何获得用户的认可，并在竞争中脱颖而出？唯有做到极致，在用户价值点上做到极致。
- 即使是专注于细分行业，中小民营企业要想获得竞争优势，也必须做到"专""精""深"，在价值、专业、精细方面做到卓越突出。

概括言之，就是要做到"把企业做小、把产品做少、把客户做大、把利润做高"，做到高人效，追求极致，成为"第一"。中恩教育认为，这是未来10年企业高增长的核心经营主张，而要做到，必须践行"五力模型"的底层逻辑和机制设计，通过"战略力、组织力、创新力、分配力、文化力"实现企业的再造、涅槃重生。

增长规律必须通过机制来运行

增长规律是一个体系，是以"五力模型"为核心原理的规则体系。如图1-4所示，文化力、战略力、创新力、组织力、分配力分别产生组织信仰、战略定位、尖刀产品、组织能力、组织活力五大成果，这五大成果从经营规划、组织管理两大维度来驱动企业持续高增长。"组织信仰、战

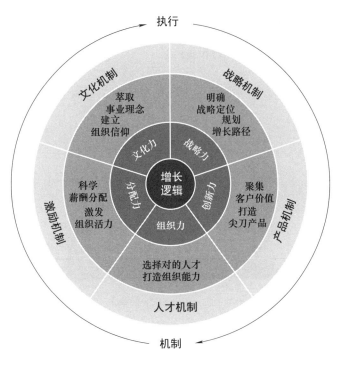

图1-4 增长规律体系

略定位、尖刀产品"确定的是一家企业的事业成功理论、事业成功方向、事业成功根基,"组织能力、组织活力"确定的是事业成功的保障因素及其效率。可以说,"五力模型"抓住了企业经营和管理的底层逻辑,是新时代中小民营企业摆脱旧模式,涅槃重生的必需能力。

企业如何践行增长规律?除了掌握理念和原理,还必须在实践层面建构一系列相辅相成的机制。这些机制是增长规律的具体内容和践行方法,落地机制才可以实践增长规律。

企业高增长必须有的机制

企业要实现高增长,需要确定图 1-5 中的七大机制。

图 1-5　企业高增长的机制

- 文化机制:提炼、建立企业的事业成功理论与发展宗旨,确定影响企业战略目标达成的价值观念、经营理念，统一思想，凝聚人心——定"增长的信仰"。

- 战略机制：建立战略导向的增长模式，明确企业战略定位，确定战略目标，以战略驱动企业的经营管理，实现企业的可持续发展——定"增长的路径"。
- 产品机制：科学判断用户市场的时代变迁及新消费时代的特点，树立"用户导向"的理念，打造爆品，依靠极致产品实现业绩持续增长——定"增长的根基"。
- 人才机制：将人才视为企业第一战略资源，做到"先人后事""先选后培""先将后兵"，能够找对人，打造企业经营管理核心团队——定"增长的关键成功因素"。
- 培训机制：建立科学的、系统化的培训机制和人才复制机制，提升员工的职业能力，且能够为企业的规模扩张提供充足的储备人才——定"增长的能力源泉"。
- 激励机制：了解人性、驱动人性，掌握薪酬有效激励的核心法门，专业化认知薪酬模式、薪酬结构、股权激励，让薪酬分配助力人效提升——定"增长的效率"。
- 执行机制：正确认识企业执行力低下的原因，建立科学化的管理机制来保障战略和运营目标达成，破解"执行难"这一问题,让增长落得了地、结得了果——定"增长的成果"。

企业经营管理规则所涉及的机制其实有很多,本书重点阐述上述七项机制的内涵、价值和实践做法,为中小民营企业老板建立起基本的理念认知和实践认知。

老板要有境界

我国大量中小民营企业的管理基础是相对薄弱的,企业主要靠老板或者以老板为核心的高管团队做决策。企业的成败存亡主要系于老板一人。

老板的认知境界决定了企业的发展速度、前途与命运。老板对机会、客户、产品、营销、人才、管理、技术等的价值理念和认知程度直接决定了企业的经营管理做法,优秀的老板持有正确的认知,经营受挫的老板则莫名持有不自知的各种错误或不当认知。当我们阅读关于张瑞敏、任正非等优秀企业家的著作时,我们就会知道,他们为什么会成功,很多中小民营企业老板为什么会轻易失败。

认知境界是"因",企业得失为必然的"果"。老板要学习、要改变、要提高认知境界,这是中小民营企业增长模式转型升级的命脉。

CHAPTER 2

第 2 章

文化机制
建立纲领、引领人心

没有文化的企业如同在黑暗中行走。

——贺传智

为什么首先谈文化机制？

因为文化机制最重要。文化机制统领企业其他所有机制，是企业能够实现高增长的总纲领。

1996年初，任正非聘请中国人民大学六位老师编制《华为基本法》，1998年3月正式定稿。任正非是编制活动的第一责任人，是《华为基本法》内容最重要的贡献者，对其倾注了大量心血。《华为基本法》是什么？为什么任正非如此重视？《华为基本法》以任正非的经营管理理念为主体内容，结合华为发展历程中的成功经验提炼而成，它确定了华为"二次创业"的思想纲领，全面、深刻阐述了华为在"经营宗旨、经营政策、组织政策、人力资源管理、控制政策"等方面必须具备的、正确的理念和价值观念。《华为基本法》是华为的"宪法"，是华为的"经营管理大纲"，是华为企业文化集大成之作。华为从当年的默默无闻，到崭露头角，再到如今成为全球通信行业的头部企业，这"经营管理大纲"功不可没！

可能会有人有疑问：大企业需要企业文化，但是中小企业体量小、规模小，还处于早期发展阶段，有必要做企业文化吗？

答案是：中小企业需要做企业文化，而且很有必要做。

企业文化：以文化人

什么是企业文化

要做企业文化，必须先明白企业文化的正确含义。

相对于其他管理词语，"企业文化"比较抽象，不易理解，再加上缺乏相关的培训教育，一些中小民营企业老板对"企业文化"的认知其实并不准确。我们先来看看实践中常见的三种错误理解。

- 认为企业文化过于"虚"，对企业的业绩和管理没有实际用处，不做企业文化不影响企业盈利。
- 认为做企业文化就是员工思想建设，"喊喊口号""做做培训"，就是对员工说教、鼓舞士气。
- 认为做企业文化就是开展员工活动、团建活动，目的是营造和谐、积极的团队氛围。

企业文化自然不是"虚"的，"思想是最高层级生产力"，只是很多管理者未能挖掘出文化的"生产力"。

做企业文化也不是"思想说教"，更不是"搞活动、做团建、营造团队氛围"，这些都是对企业文化较为片面，甚至是较低维度的理解，没有从企业增长与发展的高维度来看待企业文化。错误的理解只能带来错误的结果，会让企业丢掉最为重要的文化灵魂。这是非常可惜的。

那么，什么是企业文化？我们先来了解什么是文化。

文化首先是一种观念和思想，是众人对外部世界共同持有的看法、认知、信念、态度和判断标准。简要地理解，"文"即思想、理念、德行，"化"即同化、融化，让众人同德、同心、同行，拥有相同的思想、理念和行为，最后成为志同道合的群体。

企业文化的含义也是如此，它是企业成员共同认同、拥有的对企业经营管理的认知理念、思想、价值判断标准和行为方式选择。企业文化是企业的灵魂，是企业持续发展最深层的内驱力，是对企业未来发展方向和蓝图的展望，是引领、保障企业和员工"做正确的事，正确地做事"进而实现战略目标的核心价值观念。

有效的企业文化，必然会体现到企业的发展、增长、效率、效益方面。

真正的企业文化，不停留在经济效益层面，是更高层次的思想信念。不是所有的企业都拥有企业文化，平庸的企业只是按照做生意的逻辑赚取利润，追求的是当下的物质享受，而优秀的企业有更高远的追求，有着清晰的事业发展指导思想，而正是高远的追求、成熟的经营思想、符合道义的价值观念引导着一家企业从平庸走向优秀，再走向卓越。

企业文化的核心内涵便在于利润之上的事业追求和导向卓越的价值理念。

企业文化才是企业最大的竞争力

"企业文化"一词兴起于对20世纪70年代的美国企业、日本企业的对比研究。

20世纪70年代中后期,从战后一片废墟中站立起来的日本经济再次崛起。在30年内,日本经济禁受住了两次全球石油危机的冲击,并实现高速增长。日本汽车、电器、钢铁产业异军突起,发展势头迅猛,日本汽车在美国汽车市场的销售份额一度超过20%,日本成为美国最大的汽车进口国,而美国汽车几乎没有出现在日本市场上。

美国企业在与日本企业的竞争中连连败北,根本原因是什么?为什么用的都是西方的经典管理学,但西方却落后了?学者研究后一致认为:只注重"硬"的方面,过于重视理性管理的时代结束了;既注重"硬"管理即理性管理,又重视"软"管理,才可能在未来获得竞争优势。"软"的管理是什么?就是企业文化。他们认为,美日两国企业之间的差距不在技术、设备、资本等硬性要素方面,而在于两种企业文化的差异。日本企业普遍具有强大的凝聚力,员工具有更强的奉献精神,上下一心、相互协调、踏实肯干、纪律严明,有极强的适应和应变能力。日本企业强大竞争力的根源在于其强大的"团队合力",而团队合力的关键就是日本企业界普遍存在的"企业精神",或者说就是"企业文化",而这种精神,恰恰是西方社会所缺乏的。

经典著作《日本企业管理艺术》一书指出，日本企业成功的秘诀在于"硬管理与软管理的有机结合"，硬管理包括战略、结构、制度等，软管理包括人员、作风、技能、共同价值观等。该书认为，正是后者决定了20世纪七八十年代日本企业对美国企业的胜出。这一论断得到了欧美国家管理学者和企业家的推崇。自20世纪80年代起，美国正式兴起了"企业文化热"，企业界逐步重视、建立、发扬企业文化。

知名畅销书《基业长青》采用对比法研究"高瞻远瞩公司"以及"对照公司"，得出以下结论：在18对公司里，证据显示有11家高瞻远瞩公司在其整个历史中，比对照公司更强力地向员工灌输核心理念；在18对公司里，证据显示有13家高瞻远瞩公司在其整个历史中，表现出比对照公司更严格的选拔契合——员工通常不是极为符合公司及其理念的要求，就是一点儿都不符合（不相信就走人）；在18对公司里，证据显示有14家高瞻远瞩公司在其整个历史中，比对照公司表现出更强烈的教派主义，仅有4对没有明显差异。"核心理念、选拔契合、教派主义"指的是什么？就是一家伟大企业的精神内核，是"企业文化"。作者认为，高瞻远瞩公司始终有永恒不变的价值观和使命，这是企业长青的根基。

任正非说：资源是会枯竭的，唯有文化才会生生不息！一切工业产品都是人类智慧创造的。华为没有可以依存的自然资源，唯有在人的头脑中挖掘出大油田、大森林、大煤矿。

企业文化从哪里来

企业文化来源于"老板文化"。

对于中小民营企业，企业是由老板领导团队创设和经营的，企业文化自然是由老板一手打造的。

日本"经营之圣"稻盛和夫认为，"所谓经营只能是经营者人格的投影"。作为企业经营管理的最高决策者，老板创立企业的初心及其本人长期持有的思想理念、价值观、世界观、人格、德行都会直接或间接地影响企业的每一个成员，并经过日久天长的管理要求和工作模压，烙印给他所创立的企业及治下的全体员工。可以说，企业文化在一定程度上就是老板文化。讲诚信的企业，老板一定是重视信用的；有担当的企业，老板一定也是一位有担当、能担当的一把手。企业里的其他任何个人都不应该拥有打造企业文化的资格。

《亮剑》的主人公李云龙的答辩论文中有这样的阐述：

同志们，我先来解释一下什么叫亮剑。古代剑客们与对手狭路相逢时，无论对手有多么强大，就算对手是天下第一剑客，明知不敌，也要亮出自己的宝剑，即使倒在对手的剑下，也虽败犹荣，这就是亮剑精神。

事实证明，一支具有优良传统的部队，往往具有培养英雄的土壤，英雄或是优秀军人往往以集体形式出现，而不是以个体形式出现。理由很简单，他们受到同样传统的影响，养成了同样的性格和气质。例如第二次世界大战时，苏联的空军第十六航空团 P39 飞蛇战斗机大队，产生了 20 名获得"苏联英雄"称号的王牌飞行员。与此同时，苏联空军某部飞行中队产生了 21 名获得"苏联英雄"称号的模范飞行员。

任何一支部队都有自己的传统。传统是什么？传统是一种性格，是一种气质。这种传统和性格是由这支部队组建时首任军事首长的性格和气质决定的，他给这支部队注入了灵魂。从此不管岁月流逝，人员更迭，这支部队灵魂永在！

军队如此，企业也是同样。老板的性格、气质、理念给企业带来了思想，注入了灵魂，塑造了企业的文化土壤，培育出了团队优良的传统。

但是，老板文化并不等同于企业文化，老板个人的文化理念与企业应该具有的文化理念存在着不一致。老板在后天人生历程中通过所见、所闻、所学、所思得来的思想理念驳杂多样，有正确、符合经营之道的，也有错误、违背经营之道的。

经济学家张维迎认为，一个优秀的企业和一个平庸的企业不会有超过 5% 的差距。但对于企业来讲，这个小小的差距却会产生天壤之别，有的企业成功、卓越，有的企业遭遇重挫、一蹶不振，更有很多企业在很短时间内破产倒闭。为什么会有这么大的差别？关键原因就是企业家思想和精神的差距！企业家的思想和精神恰恰就是企业文化的重要组成部分。

正确的思想才能引导正确的行为，产生正确的结果。企业老板不能仅有阅历、文凭，更要有文化，要培养内在的高度和厚度。

企业文化要"利他"

文化要正确，首先要做到"利他"。

2011 年日本发生大地震，当其他各国的通信商撤离时，华为的工程师冒着生命危险抢修通信设备。华为在第一时间让通信服务恢复正常，最大限度地为客户挽回了损失，打造了良好的业界口碑。这种服务精神正是华为当年能够冲破"七国八制"，当下能够直面美国封锁的核心原因之一。

真正的企业文化，应该像华为一样"择道义"，秉行"利他"精神。只有"利他"，企业才会获得客户、市场的真正认可，才能发展和强大。

企业的成功绝对不是只靠老板个人。"众人拾柴火焰高",只有靠更多人的认可和支持,企业才会有发展。数百年的商业史已经证明:经营企业,一把手只考虑自己的利益,是一种个体户思维,不得人心,企业很难做大;如果心里装着更多的人,就会成为企业家,企业便有可能做大做强;而更高层级的老板,心里不仅装着他人,还装着整个社会,如此,必然能够成就一番卓越事业。

"他"是谁:客户、员工、社会

"利他"中的"他"指的是谁?

企业是商业组织,通过雇用员工向客户提供产品或服务是基本任务,客户、员工是其核心利益相关者。同时,我们需要看到,企业不只是为了追求经营利润,还承担着更为重要的社会责任,社会贡献越大,企业越有能量,发展力便越强。

客户、员工、社会是企业生存和发展的三大基石(见图 2-1),决定着企业的生死存亡。"利他"便是要利客户、利员工、利社会。

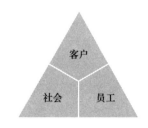

图 2-1 企业生存和发展的三大基石

如何"利客户"

经营以客户为"天"。找不准目标客户,或者不能为目标客户提供所需要的产品或服务,企业必然要消失。这是人尽皆知的道理,关键在于这个"利"字。你的企业是否会"利"客户?

公平交换。这是"利客户"的不二法门。

要做到"利客户",必须使用"商业"思维,因为企业与客户之间的关系是商业关系。商业的本质是交换,一方所有的是另一方所需要的,双方相互交换,满足各自的需求。如果要保证商业行为持续、不中断,就要做到"公平交换"。"公平"是交换的核心。

什么是公平交换?最基本的层次,是要做到等价交换,不缺斤少两、不欺骗、不卖假货,货真价实、诚信经营。更高的层次,是能够让客户获得超过预期的收益。商业社会存在着一些自私的人:他们时刻关心的是自己的收益,总是琢磨着如何从顾客那儿多占些便宜。这类经营者心中只有利益,只有自己,没有客户,客户对他们来说只是钱袋子。这样的企业必然很快倒闭,这样的老板必然不得善果,因为他违背了等价交换的原则,没有任何客户愿意被这样的企业坑骗第二次。"顺人性经营他人",做到公平交换,自然便有回头客。

我们来看看正面的典型代表。

胖东来,河南知名零售商业公司,老板的文化程度并不高,但对于河南人,胖东来可以说是家喻户晓,拥有很高的市场知名度、美誉度,口碑声望俱佳。小米董事长雷军更是称赞胖东来是"中国零售业神一般的存在!"许昌人商超购物只认胖东来,新乡胖东来商超搬迁时,当地居民竟自发围堵,为的是阻止它搬走!

胖东来为什么有这么大的魅力?

曾有记者采访胖东来董事长于东来,探寻他成功的奥秘。于东来答:让客户美[一]就行了。如何让客户"美"呢?于东来是这么说的:"我最早卖花生,一块一1斤,客户说'一块钱行不行?'我说'行!你美不就行吗,对不对?',最后给他抓了一斤,走的时候又多给了一把,你看,下次他还来。不就这么简单吗?没那么复杂。客户去别的超市买花生一块一1斤,一分钱都不能少,一个花生都不愿意多给,来我这儿,给你便宜一毛,走了再多送一把,客户第二次去哪儿?肯定来我这儿。"

"靠谱、实惠、放心"是河南人给予胖东来的评价,实至名归。胖东来的服务精神不亚于海底捞。胖东来的购物车就有很多款式,适用于不同人群,如专门给老年人用的购物车,不但自带可供休息的板凳,甚至还有放大镜方便

[一] "美"是当地方言,意思是舒心、愉悦。

老年人查看商品！冷冻食品旁边放有贴心的防冻手套，需要冷冻防腐的食品旁边配有专门的取冰处，甚至在客户没带手机时，都会有专门的电话给客户使用！

"用真品，换真心。""真品""真心"道尽了"利客户"的精髓。

如何"利员工"

运营以团队为"地"。事业一定不是一个人就可以干成的，一定是一群人才可以干成。做成一番事业，除了优秀的领导者，必然有"文官武将"，而且要"人才济济"。卓越如任正非、马化腾、段永平，手下均有一批才智不凡之士。华为有孙亚芳、余承东、郑宝用、何庭波；腾讯有"四大天王"：除了马化腾，还有刘炽平、任宇昕、张小龙；段永平有三大门徒：OPPO创始人陈明永、VIVO创始人沈炜、拼多多创始人黄峥。更不用说大量的高层、中层和基层员工，正是他们的艰苦奋斗，才成就了一个个商业巨头。"得人心者得天下"，这个"人"不仅仅是客户，更是员工。

成就共赢。这是"利员工"的不二法门。

要做到"利员工"，需要使用"事业"思维，因为事业是员工的最高追求。事业的本质是"共赢"，核心是"成就"。

稻盛和夫曾有过这样的经历：1960年，也就是京瓷创立的第二年,在公司效益刚刚有所好转之际,有十余名员工突然找到稻盛和夫要求加薪,并以全体辞职相威胁。稻盛和夫并没有慌张,将心比心地与员工谈了三天三夜,最后做出了誓言:"我就是拼上性命也要把公司做好。若是我经营企业不负责任,或者发生只顾我私欲的事,那时你们杀了我也行。"稻盛和夫用真诚挽留住了这些员工,这件事让他明白了一个道理:企业不是他自己的,办企业如果不考虑员工物质上的安全感和精神上的幸福,那企业是做不长久的。守护员工的生活,给他们带来幸福的人生,这才是企业的使命,是企业经营的意义。正是在这样的发心下,稻盛和夫创造了"稻盛哲学"和"阿米巴实学",一手创造了两家世界500强企业——京瓷和KDDI,并在退休时把个人股份全部捐献给了员工。

企业为什么能够成功?根本原因在于员工相信企业,相信老板。一个老板的事业不是自己想做多大就能够做多大,而要看有多少员工希望企业获得成功,希望企业能够做出好产品、开拓新市场、服务好客户。员工不动,万事皆息,事业梦想只是一场空。

为什么有些中小企业有产品、有技术、有市场,但就是做不大呢?老板自私、亏待员工是重要原因之一。企业盈利,老板生活奢侈,而一众创业元老、核心骨干依然生活不富裕,"共苦"而不"同甘",令人心寒!

中恩教育讲领导力，提倡这样的理念：真正的大老板不追求物质，而是追求精神世界。老板要敢于、舍得把物质财富给别人，给企业的客户和团队！须知，"财散人聚、财聚人散！"

如何"利社会"

企业平庸还是卓越，不仅要看财务报表、市场份额，更要看是否被社会广泛认可、需要。

被需要。要做到"利社会"，老板要有"神业"的思想境界。商业、事业思维是常规思维，做到"利客户""利员工"可以保证企业的起步、成长、发展，使企业有亮眼的财务数据，这样的企业可以做到优秀，但距离卓越仍有不小的差距。这个差距源于没有"神业"思维。"神业"的本质是互生，核心是"被需要"。"被需要"是企业经营的最高境界。

什么是"被需要"？经营企业，本质是经营一种人际关系，经营与客户、与员工的需要关系。试想一下：是企业需要客户，还是客户需要企业？是企业需要客户，企业才能够持续经营，还是客户需要企业，企业才能够持续经营？答案不言自明：客户需要企业，企业的经营、事业才能够持续下去，进而发展壮大。

据专业组织的市场调研，与淘宝、天猫、当当、苏宁易购、国美在线等我国知名综合电商平台相比，京东在购物体验、商品质量、售后服务方面综合表现突出，是最受消费者喜爱和信赖的电商平台之一。

京东做了什么？京东是国内唯一一家自建物流配送体系的电商企业，前后投资上千亿元，导致企业连续亏损12年，但京东不在意一时的利润，而是看重客户的消费体验、物流配送的效率和质量。现如今，京东已经能提供当日达、次日达及隔日达三种时效件，并推出极速达、京准达、夜间配等独有特色服务，物流配送效率赢得了广泛的市场赞誉和好评！产品质量不佳是电商平台的顽疾，为了解决这一问题，京东建立了公司专属、堪称行业最严格的质量保障体系，部分关键商品的检测标准甚至高于国标。相比其他电商平台，消费者在购买安全性要求较高的产品时更倾向于京东！

在社会责任方面，2020年疫情期间，刘强东坚定发声：国内无论何地发生灾难，就近的仓库无须上报，有权直接捐出灾区所需物资。2022年上海暴发疫情，京东逆势而行，累计召集3000多名快递员奔赴上海助力物资配送。捐赠物资、紧急配送重要医疗设备、及时救援、奋不顾身纾困解难，京东是有"爱"的企业。京东已不仅仅是一家商业企业，更是一家社会企业，愿意为社会奉献自我。

真心诚意服务客户，急客户之所需，解客户之所忧；

尽社会责任，为社会做出贡献。当一家企业能够"利社会"，被社会、客户发自内心地需要和依赖时，它便是卓越的，经营自然不再是问题。

如何做到被社会、客户需要？唯有"利他"。

如何做到"利他"：追求无我

人有自利的本性，也有利他的善心。只有企业文化是善的，是"利客户""利员工""利社会"的，企业才有引领发展、凝聚人心的伟力。这也意味着，作为企业的最高决策者，老板不能放任自私、自利、自我的本性，否则"利他"根本不可能做到，企业也就不会发展。

企业家要追求"无我"境界。什么是无我？心中始终装着他人，始终对他人抱有真诚的善意，不论他人是否与你相关。心中装着客户，真心希望客户获得公平；心中装着员工，真诚希望员工能够发展；心中装着社会，为民众福祉而经营。

佛曰：慈悲心。孟子曰：仁者无敌。有志于大业的企业家需要修炼慈悲心、仁心，如此方能进入"无我"，做到"利他"。

企业文化的核心构成

文化要正确，更在于建立符合"道义"的内涵。

人生有三大终极追问：我是谁？我从哪里来？我要去哪里？这三个看似简单的问题，却需要我们耗费一生的时间去回答和践行。人在成长的过程中必须弄清楚这三个问题。

做企业如同做人，也要回答三句追问，问明白了，也就清楚该怎么经营企业了。

经营企业的三句追问是什么？

第一句追问：为什么创立这家企业？创立企业的目的、意义是什么？

第二句追问：企业最终要成为什么？10年、20年后是什么样子？

第三句追问：经营企业过程中什么是对的，什么是错的，什么钱可以赚，什么钱不可以赚，即企业成员到底信什么？

这三句追问旨在回答"什么是企业的安身立命之本""企业遵循什么才会成功和发展"。显而易见，这是根本问题，直接影响企业的命运和前景。

对这三句追问的探究和回答，就确定了企业的使命、愿景和价值观。使命、愿景、价值观是企业文化的核心组成（见图2-2）。

使命、愿景、价值观各有含义和作用，共同构建了一家企业的文化体系，指引着企业去实现持续的高增长，推动着团队、员工的自动自发，保障着企业的战略成功。

图 2-2　企业文化的核心

任何一家企业的企业文化的核心都是由使命、愿景和价值观三个部分组成的。

使命：企业存在最根本的意义

1. 什么是使命：为什么干

"使命"，意思为"应尽的重大责任，应完成的重大任务"。企业使命，指的是企业存在的目的和意义，即企业"为什么干"。为了要做什么事、为了要达成什么结果，我们成立了企业？

可能有些老板会感到困惑：成立企业不就是为了赚钱、盈利吗？盈利是企业存在的目标，赚钱是企业生存发展的方式，而不是企业的目的，更不是责任和意义。实现盈利之后，企业到底为了什么而存在？企业要有使命。

企业的使命是企业存在于社会的目的，是超越了金钱的、对人和社会的价值成就，是对"利他"精神的进一步描述——利"谁"？怎么"利"？重视金钱、利润是自私的，而使命是"利他"的,是企业家精神的根本体现。

卓越不凡的企业都有其使命:

华为的使命:把数字世界带入每个人、每个家庭、每个组织,构建万物互联的智能世界。

阿里巴巴的使命:让天下没有难做的生意。

腾讯的使命:用户为本,科技向善。

格力的使命:弘扬工业精神,掌握核心科技,追求完美质量,提供一流服务,让世界爱上中国造。

小米的使命:始终坚持做"感动人心、价格厚道"的好产品,让全球每个人都能享受科技带来的美好生活。

京东的使命:技术为本,致力于更高效和可持续的世界。

李宁的使命:用运动燃烧激情。

中恩教育的使命:用商业智慧造福于人类幸福。

…………

可以看出,企业使命的核心在于为他人提供某种价值,这种价值能够解决客户需求方面的问题,满足某种需求,是真、善的。

2. 为什么需要使命

也许有老板会有疑问:我们只是中小企业,不是知名大企业,还需要使命吗?我们好好赚钱,不就可以了吗?

中恩教育认为,如果你想实现较长周期的持续增长,如果你想突破经营困境,如果你想打造"上下同心"的团队,你就非常需要建立使命。

(1)使命赋予了企业对市场、社会的价值,是企业获得市场地位的终极法门。有些企业抱持机会主义,没有战略,没有长期的发展方向,更不会去思考企业存在的目的和意义,只看重自己当下的利润。这样的企业是不会被客户、市场所信赖的,自然没有前途。使命确定了企业存在的最根本的责任和价值,并且这种责任和价值是高度"利他"的,高度"利他"的企业必然会赢得客户、市场的认可,从而成为"被需要"的企业。

企业"被需要",就解决了业绩难增长的大问题,持续的高增长就有了大概率的可能性。要做到"被需要",需要靠对使命的界定和践行,这不是单单靠战略、培训、激励等机制就可以实现的。

(2)使命能够吸引人才、激发人才,促发企业自驱动运转。企业使命本身是一项伟业,是一种高尚的事业追求,这种伟业能够产生神圣感和伟力,会吸引真正优秀的人才加盟,会激发员工的自驱力、创造力和奋斗精神,因为真正优秀的人才在意的是事业追求,以及对社会的价值和贡献,他们会与伟大的使命产生共鸣。而且,企业使命也会不断提醒企业老板和高管:一时的财务成功并不重要,这只是企业发展过程中的一个小目标,团队的事业尚未成功,仍需继续努力!

总的来说，使命是企业的最高发展纲领，直接关联着高增长、高人效。

有无使命是平庸企业与卓越企业的分水岭，前者目光短浅，不会为长远发展筹谋规划和付出，而后者志向高远，抱持"利他"精神为客户、市场谋福祉。时间成就伟大，奉行使命的企业必将获得美好的回馈。

三个泥瓦匠在砌一堵墙。有人过来问："你们在干什么？"第一个人没好气地说："没看见吗？砌墙。"第二个人抬头笑了笑说："我们在盖一幢高楼。"第三个人边干边哼着歌，他开心地说："我们正在建设一座新城市。"十年后，第一个泥瓦匠在另一个工地上砌墙；第二个泥瓦匠坐在办公室中画图纸，他成了工程师；第三个泥瓦匠，是前两个人的老板。

所以，做企业首先要宣告一个神圣的追求，超于物质的、服务社会与造福于人的精神追求！

愿景：企业要有发展蓝图

1. 什么是愿景：干成什么

愿景是公司对自身发展前景的展望，通俗地理解，就是"我们希望公司在未来成为什么样的企业"，或者"我们要干成什么样子"。愿景明确的是公司自身发展的大目标、大志向。

一个人能成为什么样子,取决于一个人想成为什么样子;一个企业最终成为什么,在很大程度上取决于创始人想让企业成为什么。企业有了高远宏大的愿景,也就有了追求和方向,而追求和方向会引领着全员朝着伟大目标努力奋斗。

优秀企业的愿景都是如此:

格力的愿景:缔造世界一流企业,成就格力百年品牌。

阿里巴巴的愿景:追求成为一家活102年的好公司;让客户相会、工作和生活在阿里巴巴;到2036财年,服务全世界20亿消费者,帮助1000万中小企业盈利以及创造1亿就业机会。

小米的愿景:和用户交朋友,做用户心中最酷的公司。

万科的愿景:以人民的美好生活为己任、以高质量发展领先领跑,做伟大新时代的好企业。

苏宁易购的愿景:百年苏宁、全球共享。

京东的愿景:成为全球最值得信赖的企业。

李宁的愿景:成为源自中国并被世界认可的、具有时尚性的国际一流专业运动品牌。

中恩教育的愿景:成为全球最值得信赖的教育机构,成就创业者。

…………

愿景与使命是两个不同的概念。使命是企业存在的意义，是企业对社会、对客户的责任和价值，指向"他人"；愿景是企业的未来蓝图，是对自身发展的设想，指向"自己"。使命是终极目的，愿景是实现目的的目标之一。

2. 为什么需要愿景

（1）"以终为始"，企业可以少走弯路。确定了愿景，也就是确定了企业自身的发展方向和目标，确定了企业要成为一个什么样的组织。而发展方向、目标、未来蓝图将会指引和规范企业在战略、产品、营销、服务、品质等方面的具体决策与选择，避免企业从事不相干的业务。须知，非相关的多元化业务战略是中小民营企业难以承受的选择！

（2）与使命相同，愿景能够产生伟力，激励员工自动自发。在企业经营层级上，使命高于愿景，但愿景是企业发展的宏伟蓝图，给予了企业成员激动人心的梦想，这一梦想一旦与企业成员的个人职业追求挂钩，就会产生巨大的能量。

（3）"志强智增"，提高企业领导者的经营智慧。墨子说"志不强者智不达"，意思是志向不坚定的人，他的智慧一定不会很高。人的志向如同容器，就像水杯，而智慧如水。容器越大，才能装越多水；志向越大，智慧才会越充盈，因为志向会引导阅历，阅历会增加智慧。企业老板的志向与企业愿景息息相关，有了伟大的愿景和事业志向，才有可能获得高水平的经营智慧；想"成为第一"，才有机缘学习到真正的增长之道。

（4）给员工信心，增强确定感。VUCA时代，复杂、易变、模糊、不确定是典型特征。在这样的时代背景下，不论是企业一把手还是员工，事实上都难免焦虑，都有不同程度的不安全感。尤其是员工，当他不知道企业的发展愿景，对企业的未来缺乏信心时，其工作意志自然不坚定，很有可能"这山望着那山高"。而愿景明确，就能够让员工看到未来，感受到企业发展的决心，进而实现"留人、留心"的管理目的。

中恩教育认为，企业从一开始建立就应该宣告一个伟大的事业目标，让愿景成为全员的精神动力和指引！"不谋万世者，不足谋一时；不谋全局者，不足谋一域。"企业有了高目标、高志向，就会有高标准、严要求，企业的行为、动作就会随之而变，企业才会有可能实现从平凡到卓越。

价值观：保障企业实现高增长的信念

1. 什么是价值观：信什么

使命回答了"为什么干"，是事业追求；愿景回答了"干成什么"，是企业蓝图；而价值观回答的是"信什么"，"信什么，才能实现使命、愿景和战略目标"。

对于个人，价值观就是一个人的信念，是由个人人生经历和生长环境导致的所知所见形成的一种惯性思维和心智模式。价值观决定人的品性和德行，决定对于一个人来说什么是对的、什么是不对的、什么该做、什么不该做，决定了一个人的行为选择、做事方式和风格。从根本上说，价值观是一个人的底层逻辑、做人做事的是非标准，必然影响个人的人生轨迹。

企业价值观是同样的道理。在经营企业的过程中，企业最高决策者首先要回答企业什么该做、什么不该做、什么是对的、什么是错的，企业应该坚守什么、信仰什么，回答问题的过程就是确立价值观的过程。

优秀企业的价值观示例如下：

阿里巴巴的价值观：客户第一，员工第二，股东第三；因为信任，所以简单；唯一不变的是变化；今天最好的表现是明天最低的要求；此时此刻，非我莫属，认真生活，快乐工作。

腾讯的价值观：正直、进取、协作、创造。

小米的价值观：真诚、热爱。

万科的价值观：大道当然、合伙奋斗。

京东的价值观：客户为先、诚信、协作、感恩、拼搏、担当。

李宁的价值观：赢得梦想、消费者导向、我们文化、突破。

…………

价值观是什么？就是一套保障企业实现战略目标的正确思想和行为理念。

2. 为什么需要价值观

企业为什么需要价值观？这是企业经营管理的必然要求。

增长有规律，经营有规则。市场开发、客户维系、资源管理、员工管理、生产运营等都有各自的运行法则，遵从法则，企业就能发展；违背法则，企业必然遭受挫折。这些法则不单单要求人们按照规则做出行为，更要求人的信念、价值理念与之相契合。"思想决定行为，行为决定结果"，价值观就是决定员工能不能按照规则做事的思想指引。

企业的价值观一旦形成，就意味着员工的信念发生了改变，认同它的员工自然就会按照信念要求做出企业想让他做出的行为，从而保障实现预期目标。这就是价值观的作用。简而言之，价值观就是让员工做到"正确"，"正确的思想"引导"正确的行为"，产生"正确的结果"。

我们来看一条企业经常使用的价值观理念：客户第一。一般来说，这一理念会要求企业和员工做到"尊重客户""倾听、理解客户的心声和诉求""以积极主动的态度回应客户,满足客户的合理需求""站在客户立场上思考问题""具有超预期的服务意识"。如果员工能够从思想信念上认可这些理念,就必然能够在实践中做出这些行为,并且做到位,那么客户肯定会喜欢企业的员工和这家企业。如此,这家企业还会缺少客户吗?

价值观是对企业增长规律非常有效的阐释和落地工具。企业要唤醒员工的增长和发展潜意识,就应该切实提炼出价值观,并坚定不移地执行实施。

3. 形成精神契约

什么是精神契约?企业里的每一名员工,上至老板,下至基层员工,对应该怎么做、应该具备什么价值理念达成共识,这就是精神契约。

企业在创立第一天就要明确价值观,进而统一价值观。因为企业经营依靠人,而人来自五湖四海、出身不同、背景不同、教育不同、价值观不同,每个人都有自己的逻辑、思想,有自己的一套理论体系,对待相同事物的认知理念可能大相径庭,企业没有共同的价值观就无法形成统一的思想和认知,就很难统一行为,会使企业陷入内耗,甚至会导致企业"分裂"。只有形成共同的价值观,达成共识,人心统一、行为统一,企业经营才能高效。华为编制《华为基本法》,历时近三年,八改底稿,公司全体员工深度参与。任正非说:"每个员工都要投入到《基本法》的起草与研讨中来,群策群力,达成共识,为华为的成长做出共同的承诺,达成公约,以指导未来的行动,使每一个有智慧、有热情的员工,能朝着共同的宏伟目标努力奋斗,使《基本法》融于每一个华为人的行为与习惯中。"

形成精神契约,就是统一思想、统一价值观,打造"上下同心"的组织,从而让企业文化迸发出强大的能量,进而引领企业高增长。

企业文化落地生根有法门

企业文化是企业实现良性发展、可持续增长的最高纲领和思想理念体系,其必要性和重要性毋庸置疑。但不可回避的问题是:企业文化该如何落地?如何通过企业文化落地产生经营管理的成果?

在管理实践中,有些企业虽然提炼出了"使命、愿景、价值观"及其他一些经营管理理念,甚至形成了装帧精美的"企业文化手册",但是这些理念,尤其是价值观始终停留在纸上、嘴上,根本做不到"入脑、入心"。如此,企业文化自然不能落地,产生结果,流于纸面的企业文化必然不能改造团队,不能产生经营实效。

企业文化难落地、难有效可以说是企业管理领域的老大难问题,如何解决?如何让企业文化落地、生效?有没有成功的方法和标杆？

企业文化落地需要"知、信、行"

企业文化落地有诀窍，诀窍在于"入眼、入脑、入心"，要让企业文化的理念层、制度层、行为层、标识层渗透到每一位员工的"眼、脑、心"中。如何做到？中恩教育深度研究国内企业文化建设、落地的标杆企业，博采众长，略有所成，在此为大家做分享。

中恩教育，作为更懂中小民营企业、更实战性的自运转商学院专业机构，聚焦、深耕管理教育行业，自成立以来一直保持稳健、快速的发展，历经五年已成立11家直营分公司，拥有南京、郑州两大运营中心。中恩教育为什么能够在较短时间内成为管理教育行业的一匹黑马？靠的是"匠心精神"，靠的是"人才济济"，靠的是"战略有方"，但最根本的是靠企业文化。

中恩教育的稳健发展，原因一方面在于值得信赖的产品体系，另一方面在于团队卓越的战斗力，而战斗力就来自中恩教育对企业文化的"知、信、行"（见图2-3）。

1. 如何知

知，不停留在只是知道"使命、愿景、价值观"的语言描述，不能仅仅知道使命是什么、价值观是什么，要往下走三步。

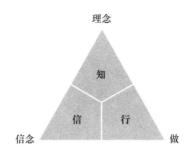

图 2-3 企业文化落地的"知、信、行"

（1）详细解释。对使命、愿景、价值观的含义到底是什么，要解释清晰、具体、到位。

中恩教育最根本的理念是什么？"百善孝为先"，"孝"是我们公司价值理念的基石。"孝"是什么？

中恩人坚信：孝是人道第一步，孝顺子弟必明贤。为什么有些人一生波折、成败不定，或者遭人冷落、难有发展的机会？"诸事不顺，皆因不孝。"那么，"孝"指的是什么？

孝是感恩。羊有跪乳之恩，鸦有反哺之义，人应当知恩图报，这是做人的根本。不懂感恩的人以自己为中心，世界终将会抛弃他。中恩人要"孝"，务必心存感恩，感恩父母养育之恩，感恩生命中帮助过自己的每一个人，"小孝是陪伴、中孝是传承、大孝是超越"，中恩人务必付出惊人之力，勤勤恳恳，努力拼搏，为家人而战，为梦想而战。感恩是企业伦理的核心。

孝是仁爱，爱家人、爱客户、爱公司、爱同事。中恩人相信：爱是世界上最伟大的力量，爱他人才会有美好的人生、美好的事业，这样的人生和事业才有意义，这样的企业才可以长存。爱家人，是孝的一种表现，"小孝、中孝、大孝"都是爱；爱客户，要以"利他"之心帮助客户，我们的产品不是单纯的产品，而是帮助客户解决困难、提高效益的良方；爱公司，要时时刻刻维护公司的权益，要为公司的战略目标和可持续增长努力付出、贡献才智，要致力于让公司发展得越来越好；爱同事，要爱护下属，尊敬领导和同级，领导要以"成人之心"帮助他人成功，要培养、培育下属，让他们一步步走上更高的位置，获得更大的发展和成就。仁爱是企业长久稳定的基础。

孝还是什么？孝是责任，对家人幸福负责、对客户成长负责、对下属进步负责、对企业发展负责，责任是企业价值观的根本；孝更是忠诚，忠于我们的事业和使命，忠于我们的价值观。

"孝"是根本，"孝"的文化孕育了中恩教育的价值观：客户第一、真实、正能量、团队等（见图2-4）。这些价值观如何理解？我们以"真实"为例进行说明。

中恩教育董事长贺传智认为：所谓"真实"，有两方面含义，其中之一是"真于己、诚于人"。一个人只有"真于己"才能"诚于人"。真于己就是不欺骗自己，不忽悠自己。自己有缺点，要敢于承认，假设自己这个月业绩是倒数第一名，也要敢于承认现实。承认现实并不丢人，会

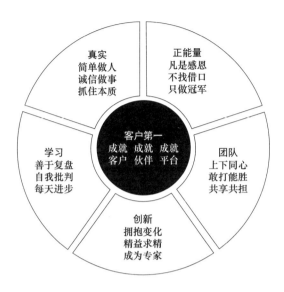

图 2-4　中恩教育价值观

更有勇气去拿更高的业绩，下个月再去拼搏成为第一名。不要骗自己，不足就是不足，更不能把责任推给别人。什么是"诚于人"？不欺骗他人，不弄虚作假，更不能撒谎。不要动不动就作假、撒谎，有些人要小聪明编造假东西，慢慢就会变成一种习惯，而这种习惯会让人内心种下坏种子，总有一天会有恶的结果。中恩人要做到"真实"，不欺骗他人，不欺骗客户，客户是用来成就的。

（2）对反映企业文化的典型行为进行描述。不少企业做企业文化都没有结合典型行为进一步厘清企业文化的含义，这是一个不足之处。客观地说，文化理念是抽象的，语言简单、凝练，但是内涵丰富，员工不一定能够很准确地理解。人的思维往往是具体的,典型行为是最好的例证和界定。员工知道了什么是"对的行为"、什么是"不对的行为",自然就知道了什么可做、该做,什么不可做、不该做。

表2-1中是中恩教育价值观"真实"的行为描述,清晰地界定了行为规范要求,指导明确。

表2-1 中恩教育价值观"真实"的行为描述

价值观理念	核心注解	对的行为	不对的行为
真实	简单做人	1. 不戴面具,行为坦荡荡 2. 思想简单,心里不长草,唯有目标和成果 3. 通过合理渠道,敢于表达真实想法	1. 做人虚假,喜说"八卦" 2. 思想复杂,疑心猜忌多 3. 会上不说,会下乱说
	诚信做事	1. 信守承诺,说到做到 2. 实事求是,说话做事有依有据 3. 有所为,有所不为	1. 乱承诺,言而无信 2. 主观臆想,信口开河,做事凭感觉 3. 做事没有底线,只考虑利益
	抓住本质	1. 复杂的事情简单化 2. 要事第一,聚焦关键人和事 3. 深度思考,抓住根因,寻找规律,最终达成目标	1. 顾虑多,患得患失 2. 无规划,主次不分,眉毛胡子一把抓 3. 做事只看表面现象,不关注内在逻辑

（3）做宣讲、做培训。这是落地企业文化的常用方法，但是贵在坚持，要持续地做宣讲、做培训。

中恩教育是如何做的？

中恩教育董事长亲自抓企业文化宣讲、培训，每月都给全体伙伴和管理干部深入、详细地讲解企业的使命、愿景、价值观以及做人的理念、信念。

中恩教育总裁、商学院院长每逢迎新培训、干部履新培训、管理层专项培训都要讲解企业文化，树标杆、立先进、明道理。

在各子分公司入职的新人正式工作前，政委们必讲企业文化，富有激情地描绘中恩教育的使命、愿景、价值观和做人理念，告诉新人我们存在的意义和伟大事业追求。

每日公司早会，全体员工要背诵企业文化，常年不辍。

2. 如何信

"知"是第一步，"入眼、入脑"，"信"是"入心"。

思想理念，只有成为信仰，让人从内心深处由衷地认可，成为一个人的潜意识思维，才真正能够指导、改变人的行为。中恩教育认为，企业文化落地的核心之一，就在于"信"，要让企业成员发自内心地相信企业的使命、愿景和价值观，并且形成信仰。

中恩教育做到了，中恩人的文化印记是独特的、鲜明的。中恩教育是如何做到的？诀窍是什么？

首先，决策层的信仰要坚定。决策层是企业的领导者，决策层团队共同的事业追求、信念、价值理念决定了一家企业的文化和精神，决策层对企业使命、愿景和价值观的相信程度决定了企业文化能够在多大程度上被企业其他成员所接受。决策层是企业文化贯彻落地的第一标杆。

正是创始人团队的发心和初心奠定了中恩教育的文化精神。中恩教育董事长说：做什么行业都有可能赚钱，但是没有一个行业比做教育更有意义，不但可以挣到利润，还可以帮助更多的人。中国市场上的很多品牌都不是中国的，比如日化用品、饮料、汽车、奢侈品等领域，做企业管理教育确实能够帮助很多企业改善运营，让老板得到提升，这让我们觉得企业管理教育行业特别有意义。因此，我们一起创办了中恩教育，也会将这个"意义"永远贯彻下去。

其次，管理层要带动。管理层是企业运转的"脊梁"，承担着"上承战略，下接执行"的重责，更是企业文化落地贯彻的先锋。管理干部首先自己就要坚定地相信企业的使命、愿景、价值观。在中恩教育，选拔干部第一看品德，品德是红线，第二看价值观，看其价值观是否与公司理念相契合，如果相违背，坚决不能提拔，中恩教育绝不任用可能会负面影响企业文化的人员做干部。干部选拔上来后，第一项培训就是企业文化学习。在中恩教育，企业文化就是干部选用的"基本法"。

"正人先正己，律己方律人。"管理干部是企业的领导者，是带动企业成员发自内心相信企业文化的直接责任人。管理干部真诚地相信企业的使命、愿景、价值观，讲正向积极的话，做正向积极的事，以核心价值理念指导自己对待客户和同事的方式，员工怎会不被感染、影响？什么样的管理干部带出什么样的团队，管理干部坚定地相信企业的使命、愿景、价值观，企业成员必然也会坚定相信。

中恩教育强调"干部七要"规范，要求管理干部必须"以身作则"，这个"则"的核心就是企业文化，就是企业的精神和行为规范。不能以身作则的管理干部是要下来的。

3. 如何行

"行"即"践行"。如何保障企业成员践行企业文化？员工知道、理解并逐渐相信企业文化，是会在一定程度上做出符合文化理念要求的行为的。但是这还不够，没有形成行为习惯的文化理念必然退化、衰减，"行"的意义在于落地，更在于强化。持续的行为实施才可以最终实现文化的落地、生效，形成企业文化管理的闭环。

如何推动"行"？重在使用与考核。

（1）把价值观使用到员工的薪酬利益上。

不可否认，人往往会因为利益而做出行为的改变。文化的"行"需要借助利益的驱动能量。薪酬利益有哪些？荣誉、表彰、涨薪、降薪、升职、降职、奖金分配、股权授予等，都可以与价值观关联。践行价值观突出、成为标杆榜样的，可以给予荣誉奖状，在薪酬调整、职务调整、奖金分配等方面享有优先权。

在中恩教育，同等条件下，价值观突出者优先提拔为干部，竞聘时会加分，调薪时优先考虑。价值观不合格者，不得参加竞聘，不予调整薪酬，甚至会降薪。对于价值观扭曲的干部，必须免职。

（2）把价值观纳入考核体系中。

"考核什么，员工才会做什么"，这是绩效考核理论的观点，同样也适用于企业文化的落地与践行。将价值观的要求纳入绩效考核体系，对企业成员的行为是否符合价值观以及符合的程度加以考评，并与薪酬利益关联，这是驱动践行价值观的有效法门之一。

中恩教育每年年末都会组织全员进行价值观评议，上至董事长，下至基层一线伙伴都要被360度民主评议，评议的结果直接影响下一年度的职位、级别、薪酬。

价值观落地"八大方法"

"知、信、行"的实施和闭环管理造就了中恩精神、中恩团队，成就了现在的中恩教育，也必将支撑中恩教育在未来更加美好。

那么，"知、信、行"在实践中如何具体操作呢？我们总结了以下八大方法，如图2-5所示。

图 2-5 价值观落地"八大方法"

（1）具体化：把抽象的价值观理念拆解为具体的行为描述，对行为表现按契合程度赋予分值，正面行为表现赋高分，反面行为表现赋低分，强化认知。

（2）可视化：形成关于价值观的书面手册、标语、图片，成册、上墙，让员工随时可以看到。

（3）案例故事化：关注、收集企业成员的价值观优秀案例，将其描述成故事，以故事的形式传播给全员。

（4）仪式化：可以确定某个特定的节日，如感恩日，举办主题活动，要有仪式感。

（5）全方位落地："上下左右"落地，即上：以老板为核心的决策层要率先垂范、做好榜样；下：全体员工认真践行,坚持自省、改进;左:把好人员入口关,对新员工做价值观培训和测评;右:把好人员出口关,对违反价值观的员工要给予处分。

(6)宣导布道:公司高层领导者、管理干部、标杆员工要做宣导、布道,让文化理念通过领导力和标杆的力量浸入组织。

(7)抓好全员培训教育:对全员做培训、做价值观教育,要做到日常化、持续化、长期化,不可间断,不能松懈,从而形成组织的心理契约。

(8)利益关联:将对价值观的理解、接受、践行程度纳入考核,并与薪酬、岗位等利益挂钩。

CHAPTER 3

第 3 章

战略机制
定位方向、牵引增长

企业没有战略规划,就会失去未来。

——贺传智

为什么中小民营企业难以做大、做强,很难实现持续性的高增长?

据 2019 年工商数据显示,2019 年我国有超过 100 万家企业倒闭,其中 90% 以上都是中小民营企业;更广泛的数据显示,中国大型民营企业平均寿命约为 8 年,中小民营企业平均寿命约为 2.9 年,全国每年新成立的民营企业中,60% 将在 5 年内破产,85% 将在 10 年内消亡;"双创"背景下诞生的众多中小民营企业,每年约 30% 申请破产,40% 濒临倒闭,约 30% 才能做到阶段性的成功。

民营企业寿命短,业绩做不起来,规模做不大,原因有很多,外部因素涉及经济政策、行业监管、市场周期、竞争形势等,内部因素可能有融资难、人才缺乏、成本高、管理不善等,但最根本的原因是什么?为什么在同样的外部环境下、同样的行业内,有的企业业绩亮眼,多数企业却举步维艰?

中恩教育常年专注于为中小民营企业提供经营管理教育和咨询服务,我们认为,出现以上问题最核心的原因是民营企业老板缺乏战略能力,企业没有建立战略机制。

战略是研究大增长的学问

没有战略的企业,如同一艘没有舵的帆船,无法控制前进的方向。那么,战略是什么?

"现代管理学之父"彼得·德鲁克先生认为：战略不是规划"未来做什么"，而是规划"当前必须做什么才能准备好迎接不确定的未来"。

"竞争战略之父"、哈佛商学院教授迈克尔·波特认为：战略就是创造一种独特的、有利的定位，涉及各种不同的运营活动；战略就是在竞争中做出取舍，其实质就是选择不做哪些事情。

任正非曾说：什么叫战略？"略"是什么意思？"略"是指舍弃一部分东西。你不舍弃一部分东西，不叫略；没有方向，不叫战。对于形势不好的市场，要敢于抛弃一部分，聚焦一部分，聚焦后有利润赚就行了。

战略的两大维度：实现未来、持续增长

关于战略的定义有很多说法。那么，什么样的定义才能真正契合中小民营企业的需求，产生实际指导作用？中恩教育结合管理学经典理论和中国民营企业的本土实践特点，对战略给予了新的解释。

战略包含以下两个维度的含义。

1. 研究当下做什么可以实现未来

这一维度的定义包含三个关键要素：当下、未来、链接。

（1）只关注未来，只是蓝图或目标，不是战略。

企业的经营活动中，存在着两类比较普遍的现象：

其一，把愿景、蓝图当作战略。有些企业经过内外部环境分析，明确了业务发展方向，进而提出了企业的使命和愿景，要成为"行业的领导者""领军企业"等，并对"什么是领导者、领军企业"做了详细的描述。他们认为这就是企业战略。其实，这只是蓝图，是对未来美好的设想，这不是战略。

其二，把中长期经营目标当作战略。现实中，更多的现象是：企业给自己制定了远大的、具有挑战性的经营目标，要在未来5年、10年，甚至15年，实现营收、利润、市场占有率达到某一水平，有些企业还相对严谨地制定了实现这些目标的关键举措，如在产品研发、渠道开拓、人才储备、技术升级等方面做了规划。但这只是长周期经营计划，不是战略。

方向、蓝图、目标等都只是战略的一部分，而非全部。

（2）只关注当下，只是运营或战术，不是战略。

小米董事长雷军说过：不要用战术上的勤奋掩盖战略上的懒惰。

中国中小民营企业老板是商界最为辛苦的一群人，他们是企业业绩最好的销售人员、反应最快的"救火队员"、四处奔波的融资专员。他们在忙什么？他们在为当下的收入、成本、利润跑市场、做运营、做管理，在为解决客户关系、销售业绩的困境和运营管理中的"跑冒滴漏"问题费尽心思，由此换得年度财务报表上的营收、利润数据。

能力稍微好点的企业老板能够制订、实施年度经营计划，即以一年为周期，制定企业的经营目标，并围绕目标制订业务计划、运营计划，抓管理、抓落实。但这依然不是战略。

战术针对目前，针对当下，而战略着眼于未来。

（3）对"当下做什么才能实现未来"的规划是战略。

只有对"未来""当下"做"链接"才是战略。

"未来"指的是什么？"未来"指企业的愿景、发展方向、业务选择、营收目标、利润目标、市场占有率目标等。

"当下"指的是什么？"当下"指企业的经营能力、运营能力、管理能力、技术能力、人才资源、资金资源，还包括市场形势、竞争格局等。

"链接"指的是什么？"链接"指企业根据外部市场、竞争形势和内部能力、资源的优势与劣势，明确发展方向，制定实现愿景、目标的路径。

这才是企业战略的内涵。着眼于未来，立足于当下，筹谋规划措施和路径，保持定力坚定实施，才是战略。

可以看出，战略是一项系统工程，通过系统的动作来实现未来的目标。策略、战术、运营、目标等都只是局部。

2.研究业绩怎样能够持续增长

战略的核心价值是什么呢？战略是研究大增长的学

问,其核心功能便是实现企业业绩的持续提升。

我们可以从以下三个层面来理解。

赚钱。如何才能赚到钱?从商业实践来看,最根本的是找到赚钱的机会,或者说业务方向,而对业务方向的判断和选择,就是战略的一部分。

赚大钱。如何赚大钱?抓住当下大的市场机会,或者通过分析市场形势,预判未来的主要市场机遇,并提前布局。对市场的分析、对机会的判断、市场布局等都是战略的主要内容。

持续赚大钱。如何持续赚大钱?中国民营企业寿命短,能够持续赚大钱的企业少之又少,市场"机会主义"太多、战略能力低是重要原因之一。要想持续赚大钱,必须将"未来"的方向、目标和"当下"的能力、资源、外部形势做"链接",必须制定科学的、系统的战略规划,并通过管理体系保障实施。这正是战略机制的核心内涵。

唯有战略可以实现业绩持续增长

企业建立战略机制,核心目的就是实现业绩的持续增长,实现企业的愿景目标,实现"做起来、做大、做久、做强"的宏伟梦想。

那么,战略为什么能够实现业绩持续增长的目的呢?因为战略拥有两大独特的功能。

1. 能够抓住重大市场机遇，实现长周期发展

这是战略最大的功能，也是中国中小民营企业能够做起来、做大、做强的首要需求。

一家企业能够成功，除了时代的馈赠，最主要的原因就是战略上的成功。因为只有具备战略思维才会去关注未来，并严谨地分析外部市场形势，进而把握住新的、更有发展空间的行业机会，顺势而为！

雷军长期担任金山公司的一把手，为金山公司成功上市殚精竭虑近10年。"我是以勤学苦干出了名的。行业里对我的最多美誉就是'IT劳模'。"雷军说。雷军在金山公司的16年，外界发生了翻天覆地的变化：张朝阳、王志东、丁磊分别创办搜狐、新浪、网易，且在创立公司两三年之际，就带领公司上市，甚至张朝阳、丁磊先后成为"中国首富"；百度、腾讯、阿里巴巴崛起，这三家分别代表着中国互联网搜索、社交、电商的公司，构成了后期"BAT"互联网格局。

作为IT界的老兵，雷军却遗憾地错过了中国的互联网浪潮，身心俱疲，最终于金山公司上市当年辞去金山公司总裁及CEO职务。"金山就像是在盐碱地里种草。"雷军说。

痛定思痛后，雷军喊出了"站在风口上，猪都可以飞起来"。2010年，雷军联合创办小米；2018年，小米在香港证券交易所主板挂牌上市；2019年，小米首登《财富》

世界500强企业榜单，在上榜的全球互联网企业中排名第7，成为最年轻的世界500强企业。

雷军抓住了风口，抓住了全球智能手机产业变革的大机遇，才有了今日的辉煌，且势头不减。

2. 能够建立一套实现目的的规划方案

抓住长周期的重大市场机会是实现业绩持续增长的第一步，什么能够保障企业把机会变成财富？战略。战略本身就要求建立一套实现发展目标的系统规划体系。

为了实现愿景，企业需要做什么？在产品、研发、营销、销售、生产、技术、资金、采购、人力资源等方面都需要开展什么关键活动？如何一步步运作，从而实现未来的发展目标？还需要在哪些方面避开陷阱，提升抗风险能力？等等，这都是战略要解决的问题。

凡客诚品（以下简称"凡客"），由卓越网创始人陈年于2007年创办，产品涵盖男装、女装、童装、鞋等。在2009年，凡客达到了业绩顶峰。这一年，凡客卖掉了3000万件衣服，销售额暴涨400%，突破20亿元，公司成为京东、亚马逊、当当之后的中国第四大B2C电商企业。

但是2011年，凡客的销售业绩和市场形象急转直下。产品质量屡曝问题，"帆布鞋前后都挤脚"的说法在网上不断传播；公司库存过大已成为陈年的心病，前端不断采购和引进新品，而后端却缺少有效的库存管理和促销推广；产品品类扩张到了不可思议的地步；公司人员规模过大，已达到上万人……凡客 IPO 失败、库存积压严重、供应链断裂，一系列挫折致使凡客跌落到泥土中。

凡客抓住了中国电子商务行业的重大机遇，也有过高光时刻，为什么会落得破败的结局？从根本上说，是看到了方向，但没有系统化的战略规划体系，任由内部的运营活动自我膨胀导致的。

战略，不仅在于选定方向，更在于规划，正是这两个功能的结合才使企业业绩能够持续提升。

战略有两大核心特征

区别于愿景、战术，战略有两大核心特征，即前瞻性和市场性。只有具备前瞻性和市场性，才可以称为战略。

前瞻性：高瞻远瞩，才有宏图大业

什么是前瞻性？前瞻性指的是向前看、展望未来、预见未来的特性，是能够以长远的眼光判断未来景象的一种能力。具备前瞻性意味着具备了战略眼光，老板有了战略眼光才有可能发掘到战略机遇。

2007年1月9日,苹果公司发布了第一代iPhone,宣告了一个新的商业时代的到来。在功能机时代,手机只是通信工具,用于打电话、发短信,但是乔布斯却敏锐地发现:未来的手机应该是集通信、影音娱乐、社交等多个功能于一体的智能化、便捷化的设备。乔布斯不再与世界知名手机厂商合作,而由自己的团队主导研发,苹果公司取得了巨大的成功。传统的观念认为消费者需要什么,公司就生产什么,但乔布斯坚信:提前一步搞清楚消费者将来想要什么。

2021年5月19日,在深圳坪山,比亚迪第100万辆新能源汽车正式下线,比亚迪成为首个进入新能源汽车"百万辆俱乐部"的中国品牌。它做对了什么?要知道,比亚迪的主营业务是充电电池的产销,为什么它会不遗余力地开发新能源汽车?王传福认为,受能源危机、生态环境、生活水平的综合影响,"除了发展新能源汽车,中国汽车工业没有第二条路可走!"

前瞻性是获得巨大战略机遇的必备能力。如果没有超越当下的前瞻性和战略眼光,中小民营企业如何能够抓住市场的大机会?如何能够做起来、做大、做强?战略眼光是企业可以高增长的最基本也是最有能量的素质之一。

那么,中国中小民营企业老板应该如何培养战略眼光?毕竟,战略眼光是稀缺能力,多数民营企业老板是缺乏战略眼光、战略能力的，或者说战略能力偏弱。

1. 要有高度

"欲穷千里目"，必然要"更上一层楼"。想要看到未来，必然需要站在更高的维度上，"登高"方能"望远"。

三星集团（后文简称"三星"）是韩国最大的企业集团，也是全球最为成功的家族企业之一，旗下拥有近百家直属子公司。福布斯2020年全球品牌价值100强中，三星位列第8名；《财富》2021年世界500强中，仅旗下三星电子就位列第15名。三星到底有多强？企业官方数据显示，三星电子2021年总营收为1.48万亿元人民币、利润为0.27万亿元人民币！

要知道，三星在李秉喆（三星的创始人）时代，只是一家"韩国企业"，而在李健熙时代，三星成了世界级领先企业。三星腾飞的转折点就在于著名的《法兰克福宣言》。

1988年，李健熙在正式接任三星会长一职的第二年，宣布三星要"二次创业"，要把三星发展为世界级超一流企业。

1993年，李健熙带领一众社长到美国洛杉矶的大百货商店考察，目睹了三星产品的遭遇：索尼的产品干净亮丽，陈列在货场中间的位置，以高价出售，而三星的产品落满灰尘，摆在角落里，虽然价格很低，但是无人问津。李健熙痛斥三星高管和员工对产品质量、企业品牌的麻木与怠惰思想，在法兰克福召集全体管理干部进行了为期 68 天的检讨会，发起了"新经营运动"。这次会议的内容被整理为《法兰克福宣言》。我们看一下李健熙的经营理念：

- 企业的寿命不是永恒的，要勇于进行自我解剖，要有危机意识；
- 企业领导人必须了解世界的变化情况，不能坐井观天；
- 确立三星新的战略目标——成为世界级超一流企业。要在 2000 年进入世界十强之列；
- 彻底抛弃"以数量为中心"的经营思想，牢固树立以质量求生存、求发展的经营思想；
- 重塑"三星"形象，建立符合时代精神的三星文化：重实效，埋葬形式主义；
- 从现在开始，除了老婆孩子，一切都要变！

《法兰克福宣言》宣告了"三星时代"的到来！新的理念、新的经营使三星赶超了曾经难以望其项背的索尼，成为全球电子产业的龙头企业。三星已不再只是一家"韩国企业"了。

《法兰克福宣言》的核心是什么？就是彻底丢弃平庸思想，丢弃"三星在韩国是一流企业"的观念，要有全球眼光，要有"成为世界级超一流企业"的站位，要以这个高度和要求来审视三星、发展三星。

"站在山脚，永远不可能创造出大山；站在山顶，才会看到绵延千里的群山，也才能创造出大山"。什么是战略眼光？就是看到未来。如何看到未来？往大了说，需要看到社会变迁、经济形势变迁、产业变迁；往小了说，需要看到消费偏好变化、行业格局变化、技术更新迭代。如何看到？首要就是"要有高度"。

2. 成为第一

如何有高度？对于企业老板来说，首先就是要有高远的发展目标。李健熙要站在全球视角审视三星，是因为他想让三星成为世界级超一流企业。

高度与目标存在着必然的正相关关系。目标高远，认知自然会有高度；目标低、平，认知必然平庸，自然不会有前瞻性。为什么这么说？因为目标本质上是一种愿景，愿景反映的是人的梦想和追求。当梦想和追求被不断强化、坚定，它们就会转化为人的信仰，烙印在人的意识中，成为根深蒂固的思想观念，从而改变人对外部环境的预判，即认知，进而改变人的行为。当立志成为行业第一，志存高远时，企业就会有第一的格局、胸怀、眼光，逻辑就会改变，行为也一定会变。企业老板要改变格局，一上来就要盯着第一。战略目标越高，标准越高，越不容易被诱惑、被干扰。老板的思维高度决定企业的出路，你的思维正在"偷偷"决定你的未来。任正非正是因为对世界通信行业有坚定的信仰，有"三分天下有其一"的豪情壮志，才会在面临资金链断裂的生死危机下仍投入巨额资金研发数字交换机，才会坚持每年拿出销售总收入的 10% 以上资金用于新技术研发！

处于经营困境中的中小民营企业，要想拥有战略眼光，要想培养出"战略力"，应该树立什么样的高远目标？如前文所述，要有"成为第一"的志向，要将成为所在行业的第一或细分行业的第一作为事业追求。

为了成为第一，老板还会搞"机会主义""短期主义"吗？还会今年做一个项目，明年就换一个项目，一遇到困难就更换业务吗？他会坚定初心、矢志向前，解决影响发展的障碍，获得持久的胜利。

为了成为第一，老板还会只关注收入、成本、利润数据吗？他会分析数据背后的原因，从客户需求、产品价值、人才选用、营销效率多个角度提升企业的经营管理能力。

为了成为第一，老板还会只关注若干大客户、只关注自己吗？他会分析行业形势、竞争对手、竞争格局，以行业整体的眼光看待更为广泛的客户来源，看清竞争对手与自己的优劣势对比。心有多大，世界就有多大。"志不强者智不达"，没有高层次的事业追求，何来高层次的经营智慧？

市场性：从市场中发现大增长机会

市场性指的是什么？当下做什么才能实现未来！战略

不是空想,战略是与市场情况密切相关的,要通过关注、分析客户的需求变化及市场形势的变动趋势来设计战略。

要关注什么?要做到"四个关注":关注用户、关注对手、关注自身、关注政势(见图3-1)。这四个方面是决定一家企业制定怎样的战略的关键因素。

图 3-1 市场性的"四个关注"

1. 关注用户

在"文化机制"一章中,我们谈到,用户(客户)决定了企业的生死存亡,因此,关注用户是市场性的第一要义。成功的企业大多数都是从关注用户开始的,失败的企业也有一个共同的特点,就是没有真正关注用户。我们先来谈谈不能持续成功的企业的两个错误动作。

其一,销售导向,而非用户导向。企业以产品销售为目的,只是为了"多快好省"地把已有的产品卖出去,获得销售业绩,而不是为了向用户提供符合需求的价值。这种做法不重视用户需求,不进行产品改进,只在销售政策上发力。

这是违背用户导向的商业逻辑，虽然可能会带来一时的业绩，但长此以往必然使经营陷入困境，企业必然不会长久。

其二，关注的需求并非用户真正想要的，在非关键点上用力过猛。客观地说，很少有企业完全抓不住需求，但往往是在真正的刚性需求的外围、周边发力，这是最常见的情况。我们往往知道的是需求的大方向，但是如果想要成功，就需要知道具体的需求的"刚性点"在哪里。我们常说要关注用户需求，是指关注用户真正的"刚性点"需求。要判断准确，不能自以为是。

客户的"刚性点"需求就是客户的第一大需求，是客户非买不可的理由。如何找到这个第一大需求？首先，我们要回到原点，了解谁是我的客户，他要什么。多数中小民营企业有一个误区，认为很多人都是自己的客户，甚至认为全天下的人都是自己的客户，贪大求全，一个客户都不想放弃。最终哪个客户都满足不了，做不出客户喜欢的产品。而持续成功的企业只为一小部分客户服务，它们懂得舍弃。德鲁克说过，放弃是战略的重要组成部分。很多人很长时间都没吃过麦当劳，为什么麦当劳没有倒闭？因为麦当劳懂得只为一部分客户服务。

其次，要关注用户价值点的转移。价值点指的是用户需求所催生出的商业机会，企业要提供适用的产品来满足用户需求，从而获得商业价值。

价值点的转移至少包含两种情况：其一，用户产生了新的需求，或潜在的需求被挖掘，商家需要提供新的产品；其二，由于外部环境的变化，如科技有了新的突破，导致有替代品取代现有的产品。

商业史上最经典的案例莫过于诺基亚。

诺基亚于1865年成立，经过多次转型最终成为世界第一大手机制造商，在2010年手机销量依然是世界第一。但从2012年起，诺基亚由盛转衰，一路下行，在手机业务上再也未能崛起。为什么？众所周知，彼时，苹果公司掀起了智能手机的行业革命，谷歌推出了新的操作系统——安卓系统，操作便利、功能丰富的智能手机赢得了用户的普遍青睐。但诺基亚却表现得傲慢自大，反应迟缓，而且出于公司自身利益的考虑不愿采用安卓系统，然而其新的操作系统无人问津。诺基亚彻底丢掉了手机业务的昔日荣光！诺基亚对价值点的转移如此冷漠，必然会被用户抛弃。

商道有其客观规律，不以人的意志为转移。不论是世界级企业，还是中小企业，均应该时刻关注用户需求，关注价值点的转移，否则终会失去未来。

2. 关注对手

谁是我的对手？谁会和我抢市场？

全世界所有做得好的企业都在关注"竞争对手"。企业老板的第一思维应该是战争思维,情报最重要!所谓知己知彼,方能百战不殆。企业需要关注对手的优点、弱点等,竞争的核心是区隔对手,与其更好,不如不同。对手没有做或者做得不够好,又是客户刚性需求的业务,就是企业的商业机会。企业更应该找到对手中的标杆,标杆对手就是企业的参谋,企业可以通过对手判断市场、成就自我。那么,应该关注对手的什么?

(1)关注竞争对手的商业逻辑和优劣势。

迈克尔·波特在其"竞争战略"理论中提出了著名的"五力模型"和"三大竞争战略"。其中,"五力模型"中就有三项因素涉及对手:现有的竞争对手、潜在的市场进入者、替代品;"三大竞争战略",即"总成本领先战略、差异化战略、集中战略"都是研究如何与竞争对手博弈。价值投资大师沃伦·巴菲特提出了"护城河"理论,指的是企业应当建立竞争优势,使竞争对手无法赶超,只有如此,企业才会长期生存。

商业中,满足用户需求是第一位的,但任何一家企业都无时无刻不处在竞争格局中,竞争对手可能会挤占市场份额,会夺取用户,会发明新的产品或替代品,如小米手机对魅族手机,小米智能设备对传统制造厂商的产品等。企业必须清晰地认识到竞争对手的存在,分析清楚竞争对手在做什么,提供的产品是什么,营销模式是什么,用户对它们的认知度如何,能力优势、劣势分别是什么。只有如此，企业才可以明确自身的定位，判断出更适合自己的业务机会和商业战法，才有可能保有自己在市场中的一席之地。

须知，即使卓越如苹果公司，也要关注三星在智能手机业务上的动向，更何况一般的中小企业呢？

（2）关注竞争对手的成功方法。

"三人行，必有我师。"竞争对手对于企业的经营管理是有"军师"的作用的。

很多企业老板提到竞争对手，都带着一种PK意识或者看不起的态度，其实这对企业的经营并没有益处。能够成为竞争对手，恰恰证明了对方在经营管理上有过人之处，至少有可以借鉴之处。企业老板应该向竞争对手学习，研究对手的成功方法，以弥补自身不足。

作为全球知名的"双子星"企业，麦当劳、肯德基之间的竞争无疑是激烈的，两家公司针锋相对！但它们在经营上却有异曲同工之处！为什么？因为它们彼此互相学习、互相借鉴。麦当劳以前以牛肉为主要原料，经营的食品主要是汉堡系列；肯德基以鸡肉为主要原料，经营的食品主要是炸鸡系列。但后来，尤其是在中国开店经营以来，麦当劳推出了麦辣鸡翅和麦乐鸡，肯德基推出了鸡腿汉堡。现在，麦当劳和肯德基的区别越来越不明显，双方你中有我、我中有你，互相借鉴学习，通过"商圈效应"共同发展。

曾经有人问：为什么奔驰发展得这么快？奔驰公司回答：因为宝马把我们撵得太紧了。同样的问题问宝马，宝马公司回答：因为奔驰开得太快。这是另一种形式的"军师"作用。竞争对手不仅可以为企业提供可供学习的成功方法，还会鞭策着企业不断前进。

3. 关注自身

战略要回答三个问题：能做什么？目标是什么？怎么做到？对"能做什么"的回答，既要关注外部市场形势，分析"有什么机会"，又要关注自身，判断"我能不能做"。

如何判断"我能不能做"？要关注企业自身的两个方面——能力和资源，并对这两个方面的优势、劣势做出分析和判断。

（1）关注能力。

企业自身的能力就是指内生能力，是为了实现战略目标所必须具备的经营管理能力。中恩教育认为，企业一般至少需要对以下方面的能力进行分析。

营销能力：涉及营销模式、渠道等方面，擅长哪一类营销模式，渠道多或少。

研发能力：涉及研发技术、研发项目管理能力等方面。

生产能力：涉及生产产能、工艺技术、设备技术、生产管理能力等方面。

财务管理能力：涉及账务管理、资金管理、成本管理、税务筹划等方面。

资源管理能力：涉及人力资源管理、物资管理、供应商管理等方面。

治理能力：企业的治理结构，涉及股权结构、决策规则等方面。

组织管理能力：涉及内部责权划分、分工协作、流程运转、制度体系建设、组织管控等方面。

（2）关注自身拥有的核心资源。

企业拥有的核心资源一般包含三类：有形资源、无形资源、人力资源。

有形资源包括企业的土地、厂房、设备、原材料、流动资金、应收账款等。

无形资源包括专利、商标、商业机密、知识、品牌、外部合作关系、企业文化等。

人力资源包括老板的素质与能力、高管团队的能力、其他人力资源的能力以及数量配置等。

（3）判断优势、劣势。

任何一家企业在能力、资源方面都会有优势和不足。对优势、不足的判断有助于企业找到正确的商业逻辑，"扬长避短"，强化已有优势，以建立核心竞争力；"长短互补"，通过外部资源协作，弥补短板。小米在创建初期，并不具备智能手机制造的核心技术和生产能力，雷军将战略重点放在了互联网营销和服务上，并利用其广泛的社会资源整合技术人才、生产厂商，最终以"互联网+铁人三项"的模式造就了小米的成功。

需要注意的是，企业创始人自身的性格也会成为企业的优势或劣势。一个人的性格决定他会如何去看社会，如何去整合资源。没有对任何人都适合的战略，很多人的成功看似水到渠成、因缘巧合，其实背后起决定性作用的是他的性格。

4. 关注政势

企业是行业链条中的一分子，行业是国家经济产业的一个条线，而产业受到国家经济政策、政治政策、民生政策的影响。

2016年1月，中央财经领导小组第十二次会议召开，会议研究了供给侧结构性改革方案，通过改革减少低端的、低效的供给，发展中高端供给，促进国民经济转型。

为了推动落实供给侧结构性改革，国家提出了"三去一降一补"的改革任务。"三去一降一补"指的是去产能、去库存、去杠杆、降成本、补短板。

去产能：主要指化解产能过剩，重点是对传统制造业，尤其是钢铁、水泥、电解铝等高消耗、高排放行业的产能进行削减。如何去产能？严禁建设新增产能项目、清理整顿建成违规产能、淘汰和退出落后产能、推进企业兼并重组等。

去库存：主要指化解房地产库存。如何去库存？加快农民工市民化、允许农业转移人口等非户籍人口在就业地落户、建立购租并举的住房制度、发展住房租赁市场、适当降低商品住房价格、促进房地产业兼并重组等。

去杠杆：主要指降低企业负债率。如何去杠杆？增加股权类融资比重、防范化解金融风险、做好地方政府存量债务置换工作、开展金融风险专项整治等。

降成本：主要指帮助企业降低成本。如何降成本？进一步清理各种不合理收费、降低制造业增值税税率、降低社会保险费率、降低电力价格、降低物流成本等。

补短板：主要指补齐基础设施短板、脱贫补齐民生短板、培育新产业动能、补齐社会保障短板等。

自2016年至今，"三去一降一补"一直是国家重点的改革任务，其影响深远，影响着房地产行业、传统制造行业、高耗能行业的发展。

供给侧结构性改革是政策影响民营企业的典型案例。国家通过货币政策、财税政策、行政政策等引导国民经济各产业的发展，规范着各行业的企业。政策是商业经营的指挥棒，关注政势，可以让企业老板的战略眼光更清晰、更准。

企业如何建立战略机制

当老板具备了战略眼光,能够切实关注用户、对手、自身和政势,当前瞻性和市场性兼备时,一家企业的战略机制方能建立起来,战略才会有实质性的内容。

那么,构建战略机制的核心是什么?当企业确立了"成为第一"的愿景,如何通过战略机制来实现?中恩教育认为,构建战略机制,核心有三个方面:战略取舍、战略规划、战略投入。

战略取舍:方向对了,事业才会对

什么是战略取舍?取是"做什么",舍是"不做什么"。战略取舍就是明确企业做什么、不做什么,确定业务方向,明确企业的发展定位。这是企业的重大决策,决策决定生死,能力决定快慢。《孙子兵法》认为:胜兵先胜而后求战,败兵先战而后求胜。战略取舍就是"胜兵"的谋略,方向对了,事业就对了,增长也就有了。

企业的愿景决定了企业的发展基因,是平庸,是卓越,还是伟大。鸿海集团创办人郭台铭说过:"阿里山的神木之所以大,四千年前的种子就决定了。"愿景种下的就是企业的种子,然而这颗种子能不能茁壮成长,成为参天大树,还取决于是否有适合的土壤。这个"土壤"便是企业所处的"赛道",通俗地说,就是业务方向。业务方向如何选择?靠战略取舍。

如何取舍?企业需要从两个方面进行判断。

1. 做什么,实现未来

要判断"做什么",需要按照战略的市场性特点对用户、对手、自身、政势给予关注和进行深度分析。

如何操作?下面通过唯品会的案例来说明。

2008年8月,广州唯品会信息科技有限公司(后文简称"唯品会")成立,同年12月,旗下网站唯品会正式上线,主营业务为通过互联网在线销售品牌折扣商品,涵盖名品服饰、鞋包、美妆、母婴、居家等各大品类。2012年3月,唯品会在美国纽约证券交易所上市。2020年年报显示,截至2020年12月,唯品会已连续33个季度实现盈利,实现净营收1019亿元人民币,年度总订单数量达到6.624亿单,用户复购率提高到了87%。

作为中国电子商务行业的"异类",唯品会为何能够取得如此显著的成绩?从该公司的发展历程来看,最关键的决策就是战略方向的选择,唯品会选择了"品牌特卖"的"赛道"。它是如何做出选择的?

用户角度:唯品会在成立初期,主营奢侈品特卖,上线产品多为国外名品或奢侈品,但当时国内消费者对网购奢侈品比较抗拒,订单量极少,根本不足以维持日常运营。

创始人再度研究国内消费者特点，做出了特卖"品牌商品"的决策。国内有不少消费者热衷于选择时尚品牌正品产品，同时对产品售价又极为敏感，折扣零售在当时的中国是一个需求旺盛的大市场；同时，品牌供应商清理库存的需求也很旺盛。以服装为例，中国有大量二、三线品牌，竞争激烈，产品库存压力大。唯品会自2008年年底开始销售国内二、三线品牌的服装，客单价为200元人民币。因为供应商和消费者两端对品牌特卖的需求都很旺盛，加之当时中国网络购物已经普及，唯品会的市场由此打开。

对手角度：在2008年，中国零售电子商务行业已经是百花齐放、竞争激烈，淘宝、天猫、京东、凡客等市场头部企业都占有高市场份额，同时又大打价格战，意图击败对手，扩大市场规模。但唯品会看到了竞争对手的不足：在当时的电商模式下，各大头部企业追求的是成为"大平台"和规模化扩张，重视流量，而忽略了对产品质量和消费者需求的关注与关心。唯品会选择了另外一条道路：走精细化路线，在细分市场形成优势，进而立于不败之地。通过用户分析和对手分析，唯品会最终选择服饰类品牌商品的专卖、特卖，避开了与头部企业的不良竞争，也赢得了消费者的青睐。

自身角度：唯品会能够在短短三个月内做出业务方向的选择，在成立短短三年后即赴美上市，得益于公司自身的能力、资源优势，这一优势集中体现在创始人的履历和背景上。在唯品会成立之际：沈亚，董事长兼 CEO，十余年消费电子产品从业经验，广州 NEM 进出口有限公司前董事长；洪晓波，副董事长，十余年消费电子产品从业经验，Societe Europe Pacifique Distrbution 前董事长；蒋泾，COO，20 年中国零售行业从业经验，当当网前高级副总裁；唐倚智，副总裁，10 年中国物流从业经验，特易购中国北部物流总监、当当网前物流高级总监。唯品会创始人的深厚履历使得新公司能快速转型、快速反应，也为唯品会开发市场资源、品牌商资源、供应链资源提供了足够便利。

政势角度：2005 年，国务院办公厅发布《关于加快电子商务发展的若干意见》；2007 年，商务部发布《关于促进电子商务规范发展的意见》。通读政策可以看出，自 2005 年以来，国家日益强调电子商务对国民经济和社会发展的重要性，并在法律、税收、投融资、信用、行业标准、支付体系、物流体系等多方面给予了支持和规范。电子商务行业已经得到了国家层面的背书支持。

正是基于对用户、对手、自身、政势的关注和研判，扬长避短，唯品会选择了"品牌特卖"的战略设计，开创了"精选品牌+深度折扣+购买"的商业模式，奠定了其在特卖行业的龙头地位。

对于中小民营企业，要特别强调一点：要尽可能地选择"差异化战略"。当同行在提供某种产品时，你要看到用户不一样的需求点、痛点，要向用户提供独具价值的产品，要根据自身的内生能力及可掌控的资源的情况选择新的经营管理模式。如前文所述，中小民营企业一定要避开"同质化"陷阱，开辟出"蓝海"道路，这才是正确的生存发展之道，这样做才有可能实现高增长、高人效。唯品会的战略选择，就是差异化战略的典型体现。

2. 不做什么，不干扰未来

"做什么"是定位，可以实现未来；"不做什么"是对定位的专注、聚焦，避免从事不相关的业务导致企业无法坚守既定的方向，无法实现未来。干扰未来最普遍也最严重的是"多元化"的选择。

2019年，中恩教育对中国内地企业的经营状况做过专项研究。当年度，A股上市企业中近百家出现严重经营问题——资金链断裂、市场规模急剧收缩等，部分企业股票甚至被冠以"ST"！为什么？原因有很多，其中的关键原因就是企业多元化扩张过度，自身能力和资源无法支撑，从而导致企业经营难以为继。

当有了一定的盈利规模后，或因为老板的自负膨胀，或因为被外界机会所诱惑，民营企业多会不可遏制地开展其他业务，美其名曰"多元化战略"。但纵观欧美国家近两百年及中国改革开放四十多年的商业发展史，只有极少数企业能够相对成功地进行多元化经营，多数企业会因为从事多元化业务而陷入困境，甚至破产，即使是世界500强，也不能幸免。

2021年，"中国最牛校企"北大方正集团（后文简称"北大方正"）破产重组，被平安集团收购。北大方正由时代的佼佼者沦落到如此地步，背后的原因发人深省！

北大方正是一家"起步即胜出"的企业。论出身和资源，依托北京大学，背景显赫，还有中国最高端的科研和技术人才；论产品和技术，创始人王选教授主持研制的计算机汉字激光照排系统被鉴定为国际领先水平，而且意义重大，这一技术攻克了"汉字不能信息化"的难题，让汉字从此进入了计算机世界。

凭借着先进的技术和产品对汉语信息化的突出价值，北大方正在成立后短短三年时间订单就突破一亿美元，随后很快占有了华文报业市场80%的份额。1995年，北大方正在香港联合交易所上市。

那么，北大方正为什么最终走向了破产重组？我们看一下这家公司做了什么：

1998年，公司正式进军电脑行业，因为有雄厚的技术能力，方正电脑发展势头良好；

2002年，公司决定走新的经营路线：多元化战略；

2002年8月，公司出资2.3亿元获得浙江证券51%的股权；

2002年11月，北大方正受让深大通1771万股法人股；

2003年1月，北大医疗产业集团成立，北大方正控股85.6%；

2003年5月，北大方正决定在3～5年的时间里，斥资27亿元收购苏州钢铁集团100%的国有股；

2006年11月，北大方正联合方正证券并购泰阳证券；

2009年，北大资源集团成为北大方正的支柱企业，强力介入房地产开发行业；

2011年，北大方正投资成立北大方正教育投资有限公司，介入教育行业；

……

北大方正已经不再是纯粹的技术型企业，而是成了一个涉足信息技术、金融、教育、医疗、房地产行业的混合体。2018年，北大方正营收规模达到顶峰，达到上千亿元，但这只是"华丽的外衣"，"里子"都坏掉了：旗下公司要么在经营上遇到了困难，要么身背巨额债务。北大方正过于偏重搞资本运作，盲目介入当时看似有前景的行业，而对旗下公司的经营模式、技术瓶颈等问题束手无策。

2020年，北大方正一年净亏超过30亿元，总负债3000多亿元，宣布破产重组。

这是北大方正放弃原有主业，盲目推行"多元化"的结局。曾经，董事长魏新颇为自得：我没有把鸡蛋放在一个篮子里。这是不是很多民营企业常见的问题？当发现主业不好做，业绩上不去，或者想赚快钱时，就去做"多元化"业务，什么赚钱就做什么！结果呢，"把鸡蛋放在多个篮子里，但几乎所有篮子里的鸡蛋都变坏了"。

中恩教育认为，对于大多数民营企业而言，"多元化"是不可承受的，核心原因在于企业的资源与能力是有限的，根本没有卓越的能力来驾驭多个业务单元，多元化只会把企业拖向困境，甚至是绝境。

多元化是企业需要慎重决策的选择，专注、聚焦于主航道才是正途、正道。世界著名定位理论大师艾·里斯指出：如果让企业聚焦，就会创造出一种像激光那样强大的、主导市场的能力。企业要学习如何聚焦，因为它将决定你的企业的未来。如果北大方正不做多元化，而是坚守技术路线，坚定地做专业化业务，可能会有辉煌的未来。

中小民营企业起点低、底子薄，没有雄厚的实力和背景做支撑，仅靠自我奋斗和兢兢业业换来一些市场份额。在竞争激烈的市场环境中，唯有把有限的资源聚焦在高利润、高成长的行业上才有胜算，不能轻易走多元化的路子。

须知，有战略的放弃，比有计划的进攻更重要。北大方正的结局当引以为戒。

战略规划：目标达成是设计出来的

战略取舍明确了企业的业务方向和定位，那么，该如何在既定的业务赛道上实现愿景呢？关键动作就是战略规划。战略规划是什么？就是对愿景目标如何实现进行计划。

战略规划包含两个方面：对愿景目标按时间周期进行规划、对关键成功要素进行目标规划。

1. 愿景目标的时间周期规划

中恩教育研究欧美国家百强企业的成长史，发现它们有一个共同点，即这些企业普遍都拥有自己的中长周期战略规划。它们都会对企业每个经营阶段要达成的愿景目标做出设定和要求，通过过程积累和阶段性的成功推动企业持续性增长。

"千里之行，始于足下。"企业的发展愿景是宏大的、是面向未来的，而实现愿景目标必须立足当下，需要当下及未来不同经营周期内分别实现相应的目标。否则，愿景只是遥不可及的梦想。企业没有规划，就是在浪费时间。

如何对当下及未来做规划？通过总结卓越企业的做法，并考虑到市场形势的复杂多变，中恩教育认为，企业至少要对发展的短期、中长期、长期三个阶段进行规划：

短期规划：对企业 1～3 年的发展目标做出规划；

中长期规划：对企业 3～5 年的发展目标做出规划；

长期规划：对企业 5～10 年的发展目标做出规划。

规划什么？规划愿景和发展目标。如何对"成为第一"的愿景进行规划？按业务区域范围的逐步扩大做目标设定。

短期：企业要成为本地市行业的"第一"；

中长期：企业要成为本省份行业的"第一"；

长期：企业要成为全中国行业的"第一"。

不同行业、不同地域的企业可以参考上述做法，对不同时期的经营设定愿景目标，积小胜以成大胜。

2. 关键成功要素的目标规划

如何实现愿景目标？

企业的运作过程是由一系列关键功能活动组成的，主要包含营销、研发、生产、采购以及对人、财、物等资源的管理等活动，这些活动的结果的整合能够达成企业整体的目标，而这些活动中存在着关键成功要素，按照"20/80"原则决定着企业的运作效率。企业愿景的达成，有赖于关键成功要素的运作和绩效。

中恩教育通过总结企业通用的关键成功要素，提出了战略规划的"八要素法"，主张对企业八个方面的指标做目标规划，以支撑愿景目标的实现。

要素 1：销售额。该项指标是企业经营的核心指标之一，是企业经营管理活动的最终体现，是企业愿景达成的"里程碑"指标。企业需要设定每年的销售额目标以及销售额增长率目标，以牵引整个企业的主要功能活动。

要素2：利润率。利润是企业扩大再生产的核心资源，利润率是企业的"生命线"。企业不仅需要重视营收指标，更需要对利润加以关注。企业需要控制好利润率，来增强企业的内在实力，提高企业在发展道路上的抗风险能力。

要素3：市场布局。市场布局指的是站在用户、市场的角度，为了实现销售额目标，需要做什么、达到什么结果。对于这一要素，企业需要考虑的关键问题是：目标客户在哪儿？要获得多少新客户？要对哪些市场进行开发？

要素4：行业规模。行业规模指的是企业所要达到的市场份额，对应的指标是市场占有率。企业要确定市场占有率目标，通过实现该目标来实现对对手的超越，"成为第一"。

要素5：销售链。销售链指的是为了实现销售额、客户规模及行业规模目标，在销售方面需要做什么、达到什么结果。对于这一要素，企业需要考虑的关键问题是：要开设多少分子公司？在哪里开设分子公司？要开发多少新的渠道？

要素6：营销链。营销链指的是为了支持销售行为，企业需要在产品研发、市场推广、品牌打造方面做什么、达到什么结果。对于这一要素，企业需要考虑的关键问题是：如何提升产品的市场认可度？如何提升公司的市场知名度、美誉度？

要素7：人才链。人力资源是实现企业目标的核心资源,是主要生产力要素。对于这一要素,企业需要考虑的关键问题是:需要多少销售人才、管理人才和职能类员工?各类、各级岗位员工的核心素质是什么?

要素8:管理链。管理是企业的经营运营活动能够按照规划执行的保障因素,是提升经营运营效率的关键要素。对于这一要素,企业需要考虑的关键问题是:如何对企业的主要功能活动、各类资源进行有效的管理?需要建构什么模式的管理体系?采用哪些有实效的管理方法?

上述"八要素"将经营、运营、管理统筹起来,使企业成为一个整体,组织各项关键成功要素来共同推动企业实现可持续增长。

战略投入:要为企业的未来付出

有付出才会有收获,这是亘古不变的道理。

为什么有些企业的兴盛只是昙花一现,不能做到长期盈利和增长?

为什么有些企业业绩表现始终平庸,始终没有自己的核心竞争力,做不到厚积薄发?

为什么有些企业的规模始终做不大,更做不强?

答案是:缺乏战略投入,没有投入足够的资源支撑战略和发展企业。企业缺乏"营养",组织不强壮,自然没有高光时刻,没有持续的好业绩,更没有好的未来。

企业要有未来，必须要有战略投入。中恩教育认为，企业需要做到以下三方面。

1. 树立长期主义的理念，为未来投入

"不谋万世者，不足谋一时。"企业的生命不在于当下，而在于未来。

为什么有些企业只拥有短暂的辉煌，无法实现持久的高增长？这类企业赢在一时，输了一世，令人惋惜。根本原因就在于没有长期主义的经营理念，更没有为中长期战略目标投入足够的资源。企业决策层过于关注当下业绩、当下所需，仅为年度经营目标配置资源，却从不考虑企业要决胜于未来需要什么。自然，当迈入下一个发展阶段时，企业就必然会因为能力的不足折戟沉沙。

企业必须为未来投入，这是关系生死存亡的战略性任务。如前文所述，当今中国商业已不再是"跑马圈地"的时代了，而是供过于求，市场上每个行业都存在着数量庞大的企业，竞争日益激烈。在这种情况下，中小民营企业应当尽可能地"把所有鸡蛋都放在一个篮子里"，大手笔投入资源壮大自身，保证企业在未来不被市场淘汰。

投入哪里？要投入到培育企业的核心竞争力，提升企业的组织能力。核心竞争力可以让企业对外持续获得市场地位和效益，组织能力可以让企业对内持续实现自运转和高效率。

2. 科学规划，敢于投入

"不敢投"是部分中小民营企业又一个不正确的行为。一些企业老板在企业流动资金相对充裕的时候也不愿意投资。为什么？因为他们对企业的未来缺乏信心，没有"安全感"，希望资金"落袋为安"，不愿意尝试任何冒险行为。

显然，这不是正确的商业逻辑。"不敢投"的核心原因在于企业决策者不能深刻认识到行业的发展趋势，无法科学地判断出未来的机会和可能遇到的挑战。这是缺乏战略能力的表现。

战略能力是企业能够持续获得大增长的核心，是企业赢得未来的关键，也是中小民营企业破解"短命"魔咒的金钥匙。中小民营企业老板要培育出战略能力，在既定的主航道上持续投入资源，大胆投入。

需要强调的是，企业要敢于投入，但切不可轻易做与主营业务不相关的投资。多元化不是中小民营企业的正确选择，将资源投入不相关的多元化业务，其结局往往是"主营业务不赚钱，辅营业务在亏损，整个公司没利润"。聚焦，将有限的资源投入支持主营业务发展的活动，才是最为正确的选择。

3. 克服人性弱点，舍得投入

不舍得或不愿意为企业发展投入，是中小民营企业并不少见的现象。这类企业的老板在做什么？他们在追求个人享受。他们把赚来的利润用来买豪车、买别墅，提前过上了奢侈的生活。这显然是极其错误的。

为什么这些老板置企业发展于不顾，而只顾自我享受呢？因为没能克服人性弱点。他们不能克服内心对于富足的物质生活的追求，丢掉了创立企业的初心，丢弃了企业的使命和愿景。

中恩教育认为，老板应该"顺人性经营他人，逆人性经营自己"。人道即商道，顺人性自然有生意。而作为企业的最高决策者，老板应当"逆人性"而为，克制内心深处背离企业使命、愿景、价值观和战略规划的需求、欲望，将有限的精力投入企业长远发展的宏伟事业。

1992年，成立5年的华为销售额突破了1亿元，净利润超3000万元。彼时，华为不少员工的工资是打白条发的，而且他们拥有股份，大家等着公司分红。但是，任正非看到了更大的商业机会——程控交换机。他决意将3000多万元利润全部用于产品研发，不分红！当时，因为意见相左，6位创业元老有一半撤资走人。任正非不为所动，先后投入了上亿元资金，终于推出了自有知识产权的程控交换机。从这一刻起，华为便有了"三分天下"的底气。

任正非"逆人性经营自己"，投入巨额资金用于产品研发、管理升级，而他自己呢？他出差坐经济舱，半夜一个人打车回家，和员工一起在公司食堂吃饭，一辆二手标致车开了十几年。2000 年，公司年度营收已达 220 亿元人民币，任正非还没有自己的住宅，还住在一个 30 平方米左右的房子里面！

诚然，老板境界决定企业发展命运。

CHAPTER 4

第 4 章

产品机制
打造爆品、高效获客

打造好产品，胜造七级浮屠。

——贺传智

时代在发展，用户的需求在变迁。

2019年6月3日，当北京朝阳大悦城优衣库的卷帘门仅仅打开离地不到半米时，已经有不少人急不可耐地要从门下钻进去；进门后，众人犹如百米冲刺般直奔卖场；进入卖场后，他们一摞摞地卷走衣服，甚至连模特身上的样品也不放过！他们在干什么？他们在哄抢一款售价99元的T恤！

再看城市里大量的街边服装售卖店：客人稀少，销量极低，一天也卖不出去几件衣服，老板一脸忧愁，甚至是麻木；在部分线下市场，不少门店大门上都挂着"转租"标牌，3～5个月可能就会更换一家店。这不是个案，是我国二线、三线甚至是准一线城市普遍的现象。

为什么会如此？互联网模式的冲击是原因之一，另外一个更重要的原因是：消费者不喜欢，或者说已经看不上街边店售卖的衣服了！人们去优衣库、ZARA、H&M，去大型购物中心（Shopping Mall），因为这里的衣服更好看、更时尚！

时代淘汰企业，首先淘汰的是产品落伍的企业；时代欢迎企业，首先欢迎的是有好产品的企业。

产品是企业的生命力

产品之于企业，犹如生命之于人体。产品对企业的存在、企业的业绩增长起着首要作用。

产品是企业的"根"

企业首先是商业组织,基本任务便是向客户提供产品或服务。用户是企业的"魂",企业提供的产品能否满足用户需求以及满足的程度从根本上决定了企业能否存在、能否实现高增长。产品是企业的"根"(见图4-1)。

图4-1 产品是企业的"根"

1. 好的产品必然提升经营业绩

好的产品是能够满足用户需求、价格合理,被用户从内心深处认可的产品。这样的产品必然会带来好的商业业绩。产品越好,越被用户需要;企业经营业绩越好,市场规模越大。

2011年1月,腾讯公司推出了微信应用程序。该应用程序历经十余年升级,能够为用户提供发送文字和图片信息、发送语音信息、基于地理位置的社交、朋友圈社区交流、音视频通话、游戏、小程序、公众号、在线支付等多种功能服务，不仅可以丰富用户多样化的社交生活，还为个人及商家提供了流量巨大的营销平台，更进一步融入日常生活服务当中，如日用品购买、民生服务等。

好的产品自然大受欢迎。微信上线 433 天，用户数达到一亿；上线两年时间，用户数达到 3 亿，其增长速度超过了此前所有 PC 互联网产品；2020 年 3 月，微信及 WeChat 的合并月活跃账户数突破 12 亿！2020 年，腾讯集团营收达 4820.64 亿元，其中，社交网络收入 1081 亿元，网络广告收入 822.7 亿元，微信作为免费注册平台贡献居多！

好产品意味着好市场，与企业的经营绩效是正相关关系。这是商业社会的基本定理。

2. 产品不好，企业不会有高业绩

产品是企业的"根"，根深才能叶茂，根浅必然叶疏。产品不被用户认可，即使再努力经营，企业业绩也难有起色。

中国自主汽车品牌商在未能研发出核心技术之前的商业遭遇就是明证。

自 20 世纪 90 年代末起，吉利、奇瑞、江淮等我国自主乘用车品牌商逐步崛起，意图改变外资乘用车品牌在我国市场大行其道的局面，振兴民族汽车产业。这些汽车品牌商多以模仿起步，模仿的好处是显而易见的，汽车外形确实容易受到客户认可，再加上价格低，自主品牌商的汽车销量相对可观。

但另一面的事实是，这些自主乘用车品牌商长期生存在低端市场。城市中产阶层中的很多人对国产轿车并不认可，也很少主动去购买国产车。在消费者心中，不论是汽车外观与内饰设计，还是发动机、变速器、底盘核心三大件，自主品牌与合资品牌之间至少相差十年。

"抄袭、山寨"曾一度是消费者给自主乘用车品牌商贴的标签，消费者认为这些品牌商根本造不出好产品。用户不认可，企业何谈发展？

好在我国自主乘用车品牌商终于意识到这一问题，大力发展自主技术，实现技术创新。近些年来，自主品牌逐渐摆脱了低质低价的形象，并凭借先进的技术和性能优异的产品逐步进入了中高端市场。

"民族情怀、自主品牌"换不来消费者的认可，换不来市场份额。只有好的产品，才是获得市场认可的唯一因素。

产品是企业高效获客的第一竞争因素

市场化时代是充分竞争的时代，竞争对手、潜在对手、替代品无处不在。企业靠什么高效率、高规模获客？靠什么超越竞争对手，赢得客户的认可和信赖？如前文所述，重营销的做法效率日渐降低，在买方主导的市场形势下，唯有产品才是最核心的竞争因素。

中恩教育研究国内外竞争理论及卓越企业的获客方法发现，所有竞争策略，归根到底，都要体现为产品的竞争优势。产品若未能体现出相对于对手的优势，其他竞争策略对于获客都是无效的。

"竞争战略之父"迈克尔·波特提出的三大竞争战略，其实质也是为了实现获客这一目的："总成本领先战略"目的是提供物美价廉的产品，通过长期较低的价格获得用户的依赖；"差异化战略"目的是向用户提供对手没有的产品，对手"无"我"有"，通过"有无"策略黏住用户；"集中战略"目的是通过专一、聚焦为用户提供相比对手更优质、价格更合理的产品，对手"有"我"优"，以此来黏住用户。

产品是客户需要的终极所在。所有竞争策略都要反映在产品的性能、质量和价格三方面上，企业在产品的这三个方面建立起了竞争优势，获客和扩大市场份额自然不再是难题。

中小民营企业老板切记要在产品优势上下足功夫。产品有能够打动用户的显著优势，则不销而销，不战而胜。

产品选择直接决定企业战略成败

当企业明确了战略定位和目标后，首要的关键动作是什么？不是去做各项管理、运营活动，而是产品设计或产品选择，因为这是决定战略成败、企业能否实现战略性增长的关键。

企业的经营实践中存在着一个并不少见的现象：企业制定了宏伟的战略规划，细分行业选择、客户需求分析、战略目标、战略举措等，都经过了较为严谨的思考，却因为在产品设计、产品选择上的大意直接导致开局就失败。

前些年，饮料市场上线了一款名叫"格瓦斯"的饮品，被品牌商宣传为"液体面包"。该产品富含酵母菌、益生菌，有助于健胃消食、稳定血压、调节血脂，且酒精浓度只有1%，确实符合健康养生饮品的市场潮流。但格瓦斯在东北三省之外的市场上销量惨不忍睹，为什么？因为人们不习惯、不接受该产品的口味，它被广大网友评为"最难喝的饮料之一"。

客观地评价，营养饮品确实是新的消费趋势，围绕着这一消费需求所进行的"格瓦斯"产品推广、渠道铺设等不能说是不合理的，但恰恰在具体产品的选择上出现了失误，口感不对就导致该项目彻底失败，格瓦斯的营养价值也完全被市场所抛弃。

老板对具体产品的不重视、粗放大意，在产品选择上出现失误，是企业最大的战略败笔。产品选择直接决定企业的生死，是企业战略规划的核心，老板必须把产品经营作为企业发展的命脉所在。

新的消费时代已经到来

产品是企业的"根",用户是企业的"魂",产品要根据用户需求来打造。但我们需要清醒地认识到,用户的需求随着时代的变迁在不断变化。时代变了,用户的某些需求会消失,某些需求会升级,用户也会产生新的需求。企业产品需要对消费需求的变化做出积极回应,否则必然会被时代淘汰。这是增长规律的基本内涵。

中国经济发展到今天,已经走到了消费驱动的发展阶段。现在,是新的消费时代。

消费者主权时代,用户成为中心

什么是消费者主权?消费者主权又称为"用户主导型"模式,指的是用户根据自己的喜好、意愿到市场上选择所需的产品,企业要根据用户的选择来进行产品生产和销售。通俗地说,就是"用户需要什么,企业才生产什么、销售什么"。新的消费时代指的就是消费者主权时代。

中国改革开放四十余年来,商品社会历经产品短缺时代、饱和时代,发展到了当下的过剩时代。时代形势决定企业与用户之间的关系,决定商业模式和营销模式。我们来看看每一时代的特点,以及对企业经营模式的影响。

1. 1.0时代：产品短缺时代

1978年，中国正式实行改革开放政策，告别计划经济模式，走向市场经济时代。

（1）市场形势：产品供不应求。

彼时的中国虽然已经建立起了较为完整的工业体系，但大多数工业产业并不掌握先进的产品技术和生产工艺技术，产能极低，如轿车行业，在20世纪80年代初，轿车的年产量只有几千辆。

与此相比，消费者市场较早地享受到了政策的红利。我们举服装行业的例子说明。1979年，中共中央及国务院正式批准了发展个体经济的报告。同一年，雅戈尔的前身——青春服装厂在浙江宁波成立；1980年，劲霸男装创立；1989年，林聪颖创立九牧王；20世纪90年代，利郎、七匹狼、李宁、安踏、杉杉等服装品牌纷纷成立。

若干服装厂的成立及新款式服饰的上市唤醒了中国消费者的内在需求，"黑白灰"的衣服被淘汰，服装行业迎来井喷式发展。井喷式发展的背后是产品极度供不应求。20世纪80年代和90年代初的中国，只有寥寥数十家本土服装生产商及世界知名服装厂商入驻市场，且主要销售区域为经济相对发达的大都市和沿海城市，对中国消费者穿衣需求的满足无疑是微乎其微。

（2）消费者地位：被动接受。

产品供给增长的速度远远赶不上用户需求增长的速度，旺盛的需求带来的是卖方市场的形成，即"企业主导型"市场，市场上卖什么，消费者可以买什么，是由生产商、品牌商决定的，消费者只能选择买或者不买，对生产商、品牌商不能施加实质性的影响。

道理很简单，因为生产商稀少，市场上没有足够数量的、符合需求的替代品，消费者没得选择。

彼时的消费者，选择产品的重点不是款式和品质，而是产品的有无以及价格高低。中国第一代创业者就在这样的供需关系下赚得盆满钵满。

（3）经营模式：生产为王。

产品供不应求的时代，是"企业主导型"的时代，是"生产为王"的时代。所谓"生产为王"，指的是产能决定业绩，有多大的产能，就能实现多少销售额，基本不存在库存过剩的现象。产能是企业的核心竞争力。

彼时的国内服装生产商，最为关心的是如何扩建厂房、增加产品线、提升生产工艺水平以及招聘到更多的工人。哪个生产商生产技术最高、产能最高，它的市场销售额和市场份额基本上也是最高的。

对于当下的中国中小民营企业来说，这是不可思议的现象。但这只是特殊时代的产物，这个时代已经离我们而去了。

2.2.0 时代：产品饱和时代

在"生产为王"的时代能够快速获得财富，这必然会吸引越来越多的生产商投身到市场中，从而使产品的供给越来越多，改变"供不应求"的市场形势。这是市场经济的基本规律。

（1）市场形势：从供求平衡到供过于求。

我们看一下 20 世纪 90 年代至 21 世纪初中国服装行业诞生的一些品牌：

1995 年，"美特斯邦威"创立。

1996 年，"报喜鸟""森马"创立。

1997 年，"以纯"创立。

1999 年，"阿依莲"创立。

2000 年，"鸿星尔克""乔丹"创立。

2001 年，"特步""玖姿"创立。

2002 年，"可可尼"创立。

2003 年，"361°"创立。

同一时期，国外的一些品牌商也纷纷入驻中国服装市场，如 Only、阿迪达斯、Esprit、宝姿、法国艾格、丹麦绫致、韩国衣恋等。

综合统计国内、国外服装品牌商，彼时的中国俨然成为服装品牌大国和生产大国。品牌商数量的攀升及生产产能的急剧扩大，使中国服装市场的供需关系终于突破了平衡点，供给饱和，并开始走向供大于求的阶段。

（2）消费者地位：有了选择的主动权。

在这一阶段，市场上提供的产品数量众多，而且覆盖各个消费层级，消费者已经不会再因为产品匮乏而被迫选择，消费者拥有了一定程度的主动权。

休闲服装市场是中国服装行业的一个细分领域。自20世纪90年代起，随着国际休闲风潮进入中国，该细分行业的市场空间越来越大，并形成了以美特斯邦威、佐丹奴、班尼路、真维斯、以纯、森马为代表的市场格局。美特斯邦威旗下适合年轻人的有三个品牌，涵盖九种风格，佐丹奴旗下适合年轻人的有四个品牌，真维斯旗下有五个品牌，以纯旗下有六个品牌，森马旗下有四个品牌。六家品牌商共同以时尚的年轻人为目标客户群体，彼此互相竞争，同时各自子品牌众多，款式、风格丰富多样，在这种供给饱和的市场下，消费者面对琳琅满目的衣服开始有了选择权，"这个店的衣服不好，还有其他店呢"。

不仅是休闲服装市场，其他品类的服装市场，以及鞋帽市场等也呈现出品牌商激烈竞争、供大于求的形势。消费者开始有了选择的主动权。

（3）经营模式：渠道为王。

"供大于求"的时代，竞争成为必然。此时企业如何超越竞争对手获得更多用户的青睐，占领更大市场份额？从产品短缺时代走来的企业家，不约而同选择了"渠道"策略,"渠道为王"成为产品饱和时代企业经营的主要模式。"渠道为王"指的是渠道的多少和下沉程度决定业绩和增长,下沉层级越多、渠道数量越多,企业业绩越高、增长速度越快。显然,这是以销售为导向的增长模式。

在这一阶段,休闲服装品牌商在品牌塑造、提升市场影响力的前提下,特别注重开拓不同形式的分销渠道。

美特斯邦威:2008年,在北京、上海、杭州、宁波、温州等地拥有17家分公司,共拥有门店约2700家;2012年,拥有门店约4200家,其中,直营店近700家,加盟店约3500家。

真维斯:2012年,销售业绩达到顶峰,拥有门店近2800家,其中,特许经营门店约1600家,直营门店约1200家。

班尼路:2012年,在全国270多个城市开设约4000家门店;以纯:高峰时期在全球拥有超过4000家门店;森马:2013年,在全国拥有销售网点多达5000多家。

借助渠道的力量,这些品牌商普遍在2013年之前达到了销售业绩的历史顶峰。

3.3.0时代:极度过剩时代

时至今日,中国的消费市场已从"供大于求"走到了产品丰富、严重过剩的时代。

(1)市场形势:供给过于大于需求。

进入21世纪10年代,市场上的产品供给量进一步激增。一方面，传统大品牌企业在产品品类、渠道两方面持续发力；另一方面，中国电子商务行业在国家政策的支持下蓬勃发展，产品品类、上线新品数量呈指数级增长。

天猫：提供覆盖服饰、鞋类、箱包、运动户外、珠宝饰品、美妆、家具、家纺、图书音像、汽车及配件、居家日用、母婴玩具、食品、医药保健、3C数码、生活电器等类别商品。

京东：提供覆盖家电、数码、通信、电脑、家居百货、服饰、母婴、图书、食品、旅游等类别商品。

当当：提供覆盖图书、个人护理、家居、母婴、服装、3C数码、珠宝饰品、运动户外等类别商品。

苏宁易购：提供覆盖传统家电、消费电子、百货、日用品、图书、虚拟产品等类别商品。

以上只是综合平台类电子商务企业产品供给的种类信息，市场上还有大量的垂直电商，如唯品会、聚美优品、韩都衣舍等。

在这个时代，线上、线下企业提供的产品种类足以覆盖消费者的各方面需求，且几乎在每个细分领域都有数量众多的产品供给。

（2）消费者地位：主权时代到来。

企业竞争形势的加剧，渠道铺设接近饱和，以及产品极度过剩的市场形势，催生了"消费者主权时代"，消费者群体有了主导权来决定企业生产什么、销售什么。至此，买方市场形成。

对于生产商或品牌商，在消费者主权时代，只有放低姿态去主动、积极回应消费者的需求才有可能赢得长期的生存空间。

自2010年以来，京东在每年6月都要发起"618"大促活动。2011年，大促活动时间涵盖整个6月，24小时不间断促销，对数百万件商品以超低折扣价销售；2016年6月，京东3C类产品、家电、消费品、服饰、家居、生鲜等各大专场接连上演促销"接力赛"，34个国际大牌、超400家优质品牌参与大促；2020年6月，京东在全渠道服务体验、品质服务、健康管理、生活服务等覆盖消费者服务需求的各场景全力加码，打造了一场"史上服务体验最佳的618"活动。

除京东外，天猫有"双11"活动，淘宝有"双12"活动，苏宁易购有"818"活动。为什么大品牌电子商务企业坚持每年做大促活动？因为时代变了，商家需要主动去吸引用户、获取用户，否则就会被用户抛弃，因为用户可选择的品牌、产品实在是太多了。

（3）经营模式：用户为王。

在这样的时代，采用"用户为王"的经营模式才能够在市场中占有一席之地。"用户为王"指的是用户的需求、意愿和喜好决定了企业的业绩，越能够吸引用户，越被用户认可，企业才越有发展的空间。

休闲服装市场的巨变是典型例证。

自 2012 年起，经历了近二十年辉煌的美特斯邦威、佐丹奴、班尼路、真维斯、以纯等公司的销售业绩持续"断崖式"下行。

据官方媒体、企业财报披露，美特斯邦威，2012～2016 年，服饰品类的增长率和净增长率均为负数。截至 2020 年底，该公司服装门店由巅峰时期的 5000 多家减少至不足 2000 家。佐丹奴，2014 年销售额下降 9%，净利润下降 38%，关闭门店 190 家；真维斯，2013～2019 年，裁员 6000 多人，关店 1300 多家，业绩下滑 65%，2018 年，该公司在中国的零售业务以 8 亿港元被全部出售！

这些依靠渠道走上巅峰的品牌商，在 21 世纪 10 年代纷纷遭遇了"滑铁卢"。而这一时期，优衣库、ZARA、H&M 品牌兴起。

优衣库，日本服装品牌商，2002 年进入中国，2005 年因为价格战导致亏损，选择撤出中国市场。随后，优衣库抛弃了"大众路线"的经营理念，经营策略转为"为中国中产阶层提供'有品质的生活'"。2018 年，优衣库在中国市场的业绩占比达到 25%，中国成为优衣库品牌的全球第二大市场；2019 年，优衣库在中国市场实现营收 322 亿元，同比增长 14.3%。其中，线上销售同比增长 30%。优衣库在中国市场上越来越受到年轻一代消费者的欢迎！

为什么美特斯邦威衰落了？为什么优衣库兴起了？互联网的兴起不是原因，因为美特斯邦威也采用了互联网模式来发展自己，然而运行一年就关闭了。

到底是什么原因？真正的原因为是否做到了"用户为王"，是否以用户需求为导向经营产品。专业人士经过调研发现，以美特斯邦威为代表的老一代品牌商忽视了新一代消费者的需求，与市场脱节，产品老、旧，消费者对其"已经没有感觉了"。而优衣库、ZARA等新一代品牌商采用了"快时尚"模式，紧盯消费者的穿衣喜好，注重衣服的风格设计和时尚元素，推出的新品往往能够触动用户内心对服装的需求点。曾经销量排名第一的ZARA拥有非常庞大的设计师团队和买手团，设计师都是拥有创意和工作热情的年轻人，他们经常会到各大时尚都市去亲身了解当下服装行业的最新动态、趋势；买手们时刻关注时尚潮流，有出众的货物辨识能力，及时将消费者信息反馈给公司。试问：当年的美特斯邦威、真维斯、佐丹奴的经营重心在哪里？在渠道，而不是用户需求。怎能不败？

回顾当年休闲服装行业的兴衰荣辱，有一位行业前辈的话可谓一语中的：我们几乎没有人拥有应对品牌老化以及新生代用户崛起的成熟经验，我们被用户抛弃了。

在新的消费时代，企业需要从重营销向重用户转型，通过产品抓住用户才是高效能的增长之道。

消费升级时代到来，个性化、重体验成为主流

重用户，就要了解用户。在消费者主权时代，用户有什么特点呢？答案是：消费升级。

2014年中央经济工作会议明确指出，从消费需求看，过去我国消费具有明显的模仿型排浪式特征，现在模仿型排浪式消费阶段基本结束，个性化、多样化消费渐成主流。"模仿型排浪式消费"，通俗地说就是没有创新、跟风集中式的消费。与之相对应的，是个性化、多样化的消费方式，如私人定制、创意日用品等。

我们需要了解自21世纪10年代起活跃在消费者市场上的主要消费群体的特征和喜好。不同于以往年代，富裕消费者人群及"Z世代"人群登上了市场舞台。

按照BCG中国消费者研究机构的定义，富裕消费者人群是指家庭年均可支配收入至少为12.5万元人民币、年平均收入至少为25万元人民币的消费者群体。该群体的数量增速惊人，已经成为中国消费者市场上举足轻重的主体之一。该群体的消费特征是：追求情感上的满足，"消费不再只是为了过日子，而是为了享受生活"；寻求获得地位的认可，愿意购买高档品或奢侈品；重视产品的品质，愿意为品质支付额外的费用，愿意花更高成本获得质量好的产品。

"Z世代"人群指的是出生于1995～2009年的年轻

一代。这一类人群的思想理念、人生观、价值观、行为方式等与"80后"不同,他们更加重视个性化、多样化的需求,重视体验感受,偏好兴趣社群,追求时尚,其内心独白是:我若无感,我便不买。心理和情感上的感觉对这类群体的消费决策最为重要。

新的消费人群、新的消费喜好带来了消费升级。消费升级指的是什么?指的是消费者对产品或服务的品质和心理感受要求的提升,不再像老一代那样仅仅因为基本的生活需要而去购买产品,这类消费者更倾向于为了更高层次的生活、心理需要去消费。

那么,在消费升级的背景下,消费者市场有哪些显著特点呢?

1. 行业细分

行业细分是个性化、多样化消费需求的必然结果。消费升级时代,人们不再关注普通广泛的产品大类,而是会去选择更吸引个体的、反映个体喜好的、不同场景下的产品。在这种要求下,生产商或品牌商必须对行业进行细分,针对某个或某些细分领域分别提供产品。

在休闲服装行业,如男装,不同于以往,男性消费者的需求也越发多样化,他们需要在生活场合、工作场合、社交场合等分别穿相应款式的衣服,以与场景契合。于是,商务男装、休闲男装、运动男装、商务休闲男装、运动休闲男装等细分品类纷纷诞生。九牧王主打商务休闲男装,生产的男裤综合市场占有率连续12年位居全国第一;李宁、安踏主打运动男装;太平鸟主打休闲男装等。

餐饮行业也是如此,如火锅行业。该行业按照地域细分为川渝火锅、北派火锅、粤系火锅、台式火锅、云贵火锅,以及韩式火锅、日式火锅等多个大品类。按照主要食材的不同,又分为鱼火锅、羊肉火锅、海鲜火锅、豆捞火锅、菌菇火锅等。海底捞主打服务,巴奴主打牛肚和菌汤,呷哺呷哺主打吧台小火锅等。

消费者个性需求的兴起与行业的进一步细分,需要中小企业老板认识到:在业务方向和产品选择上,切不可大而全,一定要选择单点突破,在单点做优做强。

2. 注重品质

随着消费水平的提升,消费者对产品品质的要求自然也提高了。国家统计局数据显示,我国居民人均可支配收入从2016年的23 821元增长到2020年的32 189元,突破3万元大关。扣除价格因素后,2011~2020年我国居民人均可支配收入年均实际增长7.2%,10年累计实际增长100.8%。

收入增加,消费者还愿意购买低品质的产品吗?显然不会。不用说一线、二线城市的富裕消费者和新生代消费者对品质的追求，就是三线、四线城市及县城的消费者也在追求更高的品质享受。中恩教育在为用户提供教育、咨询服务的过程中发现，基层城市、县城的富裕消费者越来越倾向于选择好品质的产品，对价格并不敏感。他们会在周末开车去省会城市，专门去中高端购物商场采买较为昂贵的衣服、鞋帽、首饰等，有些时候甚至是集中采买；县城里也逐渐出现售价偏高的服装门店，如轻奢服装，而且生意颇好。

向往美好生活是人类的天性。改革开放初期，人们受制于偏低的收入，消费能力有限，而随着收入的增加、财富的积累，高品质的衣食住行越来越成为主流。

中小民营企业如果还抱着"大路货""差不多"的产品思维，必然是业绩惨淡。

为什么企业要打造爆品

在消费者主权时代、消费升级时代，用户日益追求高品质生活。市场不缺产品，缺的是好产品、第一的产品！没有好产品，企业如何与用户链接起来？没有好产品，渠道卖什么？没有好产品，企业经营什么？没有好产品，销售员怎么卖？没有好产品，怎么让消费者产生依赖？打造好产品才是企业第一战略！

对于中小民营企业来说，如果依然沿用传统的经营模式,不改变产品饱和时代背景下的产品理念,打造不出适合消费者的好产品,势必难以建立获客优势。须知,美特斯邦威、真维斯的衰败就是前车之鉴。

传统经营模式和产品理念会给企业带来多方面的困境。

同质化的产品没有竞争力

同质化是传统行业中小民营企业遭遇经营困境、薄利微利的首要原因。

同质化,即产品在性能、外观、质量等方面差异很小,产品缺乏特色,产品之间没有明显的区别。同质化的直接结果是什么?是没有获客优势,客户对企业建立不起来依赖感。如女装,消费者在淘宝、天猫、京东等电商平台上搜索某一类款式产品时,会发现在同一价格区间有很多种产品,而且除个别设计师品牌外,绝大多数产品大同小异,少有让消费者为之心动的特色!这让消费者如何选择?

同质化对企业经营的伤害是巨大的。为了刺激消费者购买自己企业的产品,多数品牌商只能选择"降价"策略,但这是一种短视、弊大于利的方式。为了生存,市场上同类产品的竞争对手都不得不降价销售,最终使行业陷入"价格战陷阱",虽然这样做可以挤占竞争对手的市场份额,甚至使竞争对手在一定时期内难以翻身,但企业自身也损失了很多利润,而这必将使企业短期内难以进行投资再扩大！此外，低价销售也会使部分企业选择更加错误的经营做法，即为了降低产品成本而降低物料成本、人力资源成本，导致出现偷工减料、品质下降、人才流失等严重问题，而这反过来只会损害企业品牌，导致消费者的不信任和背弃！

企业应该怎么做？我们站在消费者的角度，看看消费者会选择什么产品，答案是：大部分会选择销量第一的产品。消费者为了快速找到想要购买的产品，首先看的是"销量"。销量越高，评价越高，消费者越青睐，越容易心动。消费者会关心销量不靠前的产品吗？不会，哪怕价格很低，也不会去购买。为什么？因为销量第一的产品是被证明了的好产品，销量差的产品必然是不好的产品。谁会去买不好的产品呢？

要用产品机制打造好产品。一切以用户为中心，选择差异化的价值，坚持在 1 米宽的地方做到 10 000 米深，做到极致，从而通过用户口碑引爆市场。只有这样的产品才能获得用户的注意力和信赖，才会脱颖而出，打破同质化的困境，赢得市场份额，助力企业实现持续高增长。中恩教育的发展就是例证。中恩教育在我国管理培训行业低迷之际成立，秉持"让学习更有效"的教学理念，坚持直营经营模式，服务客户学员超过 10 万个，客户满意度非常高。中恩教育能够在业界异军突起，有一个重要的原因：为客户提供好的产品、有实效的好产品。

打造好产品，打造具有优势特色的好产品，才是企业在极度过剩时代高增长的关键法门。

感受差的产品只会被客户抛弃

传统经营模式下，企业决策者对用户需求并不敏感，没有尽心尽力打造满足用户需求的产品，自然，用户对产品的感受并不好。在产品饱和时代，供大于求的形势并不突出，"感受差"还不足以使用户对某个企业的产品完全放弃。但在极度过剩时代，"感受差"会使用户不信任企业，"逼"着用户去选择竞争对手更好的产品。

新的消费时代，用户注重品质，注重体验和个人感受。诚如前文所述，对于"Z世代"消费者，"我若无感，我便不买"。一个产品感受差，那就去买感受好的产品，毕竟市场上产品多的是。

企业如何获客？传统思维的企业老板可能会说，可以通过做广告、塑造品牌来提升产品的知名度，吸引消费者购买。然而，这是落后的、低效的做法。

中恩教育认为，中小民营企业花费大量资金投放广告是不明智的，一方面，中小民营企业没有足够的资金去投放覆盖面广的广告；另一方面，在新的消费时代，广告已经没有显著的效果了。在产品短缺时代和饱和时代，用户获取市场信息的渠道有限，缺乏对产品真实效果的辨识能力，一则好的广告确实可以刺激用户，从而促进销售。但在当下，互联网、大数据、社交场景的深度应用已使用户在购买之前就对产品有了相对深刻的认知，感受的"好"与"不好"提前产生，品牌商的广告主要起到提升知名度的作用，对用户购买决策的影响已经微乎其微了。在消费升级时代，消费者关注的是产品的品质、效果，而不在意企业花了多少钱做了什么广告。碧生源2011年广告投入达3.4亿元，当年度销售费用占公司营业收入的73%，随后常年保持高比例，直到2018年，销售费用占比依然高达65%，然而自2010年上市直到2018年末，该公司竟然不但没有给股东赚钱，反而亏损股东4.36亿元！大量的广告费打了水漂！

中恩教育认为，品牌的塑造靠的不是广告、销售推动，靠的是有好的产品，好的产品带来好的用户口碑，好的口碑口口相传塑造了好品牌。先有好的产品，才有品牌，有了靠口碑积累起来的品牌，用户的感受自然会好，用户自然会增加。这才是正确的商业逻辑。

没有好的产品、用户的感受差，企业寄希望于广告推广、明星效应都是极其不明智的。

破解获客难，唯有靠好产品

产品不好、产品同质化严重、用户感受差会导致企业获客难。那么，企业能不能通过提高销售能力来解决这一难题呢？答案是：产品不好，销售能力提升依然不能突破获客困境。

自 21 世纪 10 年代至今，借助互联网技术和社交模式的发展，新的销售模式不断涌现，电商平台、微信等催生了不少"电商""微商"。商业社会也兴起了新的"思潮"，即"互联网思维"，不少企业老板认为，是互联网打败了传统行业和传统模式，企业若能采用互联网模式，将产品销售搬到线上，获客就不再困难。然而，事实如何呢？近些年来，确实有大量的传统企业做起了电子商务，采用 B2B、B2C 等方式推广企业和销售产品，甚至做起了直播，销售业绩相比传统模式是有所增长，但增长并不明显，根本达不到企业老板预想的程度，而且当越来越多的竞争对手也做起了线上销售时，企业的销售便遭遇了传统模式下同样的困境，产品依然不好卖，销量依然低迷。

为什么企业采用线上模式依然改变不了销售乏力的困境呢？我们来看看美特斯邦威的教训和李宁公司的经验。

2012 年，即美特斯邦威实现销售额近百亿元的第二年，公司遭遇了上市以来业绩首次下滑，净利润同比减少近 30%。面对优衣库、ZARA 等快时尚品牌的市场进攻，美特斯邦威采取了多品牌战略，并积极向互联网模式转型。2015 年，美特斯邦威推出"有范"App，该 App 为电商平台，采用较为独特的返利模式将卖家、消费者、会员及线下渠道等进行商业链接。为了提高"有范"平台的市场知名度,美特斯邦威连续三季巨额投资冠名《奇葩说》节目,其中首季 5000 万元的冠名费创下了当时综艺节目冠名费之最!然而,截至 2016 年 3 月,"有范"App 的下载量仅有 37 万左右,2016 年公司的业绩依然是持续下滑!

再来看同一时期的李宁公司。2012～2014 年三年间,李宁公司亏损累计超过 30 亿元。李宁公司也积极拥抱互联网:2015 年,李宁本人回归,开启了"互联网+运动生活体验提供商"的战略转型,大规模开发、运营自有电商平台;另对上千家线下门店进行数字化改造;2017 年,李宁公司正式上线数字中台,将企业的产品研发、生产设计、线上线下销售、会员体系、仓储供应等环节的数据全部打通。2018 年,李宁公司业绩再上百亿元,李宁品牌成为"国潮"的领军者!

2017 年"有范"App 宣布下线。美特斯邦威董事长周成建曾经说过:"我曾经走了一些错路,把互联网当成使命,花了很多钱去买流量,但那些流量是留不住的,钱白烧了。"美特斯邦威的做法跟当下很多传统企业的互联网转型思路大同小异,以为"互联网思维"就是线上做品牌、做销售。中恩教育认为,这种理念是极其错误的,"互联网思维"本质是"用户思维"。企业通过互联网技术、大数据技术去发现用户的需求,然后给他们提供好的产品才是正确的做法。李宁公司互联网转型为什么能够成功?根本原因即在于"用户思维"。李宁总结成功经验,认为关键在于找出消费者需要什么,生产消费者喜欢的产品。

产品是企业的"根",销售是手段。民营企业老板需要抓住根本,把做好产品当作第一要务,切莫再陷入对营销工具的迷思和盲目崇拜的陷阱。

打造爆品的法门和超级方法论

好产品是企业的制胜法宝。那么,如何打造好产品?

在中国智能手机行业,小米手机无疑是成功产品的代表之一,而奇虎360公司董事长周鸿祎、格力电器董事长董明珠都曾尝试打造新一代智能手机,但均告失败。为什么小米成功了而其他人失败了?雷军做对了什么?

雷军曾经反思:"我们到底是怎么做产品的?这么多年来,我们看到有很多产品明明差别不大,但是有的产品就火了,有的产品就是无人问津。这是为什么呢?"最终,通过一次偶然的人生际遇,雷军发现了真相:在这个信息时代,无法脱颖而出的产品,其实是因为做得还不够极致。在当今的互联网时代,要想成功,必须要做出爆品,有引爆市场的产品和策略。温水你哪怕做到 99℃,也没啥用。唯有沸腾之后,才有推动历史进步的力量!

自此,雷军坚定地推行"爆品战略",小米产品大获成功。爆品战略指的是什么?就是找准用户的需求点,做出足够好的产品，集中所有的精力和资源，在这一款产品上做突破，达到引爆市场的效果。也就是常说的"单点突破"，靠一款极致的好产品击穿市场，甚至成为第一。苹果公司之所以能够享誉全世界，核心原因就在于使用了"爆品战略"。

爆品战略的定义非常精准地点出了打造爆品的三大法门：懂用户、懂人性、强聚焦。

懂用户：能否找对痛点决定企业生死

经营企业就是经营人，就是经营两类人：一是用户，二是团队。企业存在的意义就是为用户创造价值，没有用户价值就没有企业。如何创造更好的用户价值？要从懂用户开始。传统企业做不出爆品的核心原因之一就是对用户"太傲慢"，有产品无用户。先有产品还是先有用户？答案不言而喻。

懂用户，指的是懂用户的需求，要能够把握准用户的真正需求，围绕用户需求设计、打造产品。

懂用户是打造爆品的首要要求和成功关键。小米手机为什么能够收获众多忠实又狂热的"米粉"？因为产品的高性价比切中了"米粉"的需求：配置高、性能优、时尚、价格低；巴奴火锅的翻台率、消费人数为什么能够高出火锅行业的老大"海底捞"？因为巴奴火锅坚持"产品主义"，二十年如一日地打造符合消费者口味的"牛肚和菌汤"，好吃、有营养；为什么西贝有点贵，还天天排大队？因为西贝以匠心精神不断改进菜品生产工艺、配方和选材，倾力打造感动消费者的"尖刀产品""必点产品"。总结近些年来国内涌现出来的杰出企业，主要共性就是坚持了"产品主义"，而"产品主义"背后的灵魂是用户导向。

对于传统企业，要想通过打造爆品实现持续高增长，就必须改变原有的思维模式，必须从"以自我为中心"向"以用户为中心"蜕变，深度了解用户，并在此基础上做到持续的产品创新。

1. 以用户为中心

"以用户为中心"要求企业的经营管理活动都以满足用户需求为出发点，"用户需要什么、怎样才能让用户满意"决定企业的经营决策和管理安排。在产品设计与打造上，要把满足用户的需求作为唯一出发点：用户需要什么产品，企业提供什么产品。

与之相反的、错误的理念是"以自我为中心"，企业根据自己的喜好和主观感受来打造产品，并试图通过销售来提高市场份额。最常见的症状是"自嗨"和"自爱"。

（1）自嗨。自嗨就是在用户没有预期的地方极致创新，瞎极致。企业没有对用户进行科学的市场调研，盲目研发创新，主观地认为自己打造的产品就是好产品，是用户所需要的，并且为此沾沾自喜。须知，企业拼命努力做的，不一定是用户想要的。创新不是为了与众不同，而是为了满足用户的需求，去做对手没做或者做得不好的。

"自嗨"是"主观主义"的典型表现，违背了产品打造"实事求是"的原则。什么是产品打造"实事求是"原则？就是要清醒地认识到，产品是因为用户有了需求才产生的。用户在某一时间、某个场景产生了某种需求，而这种需求又是必须解决的，才有了商家提供的产品。这是商业的基本逻辑。企业"自嗨"违背了这一逻辑，掉进了自己创造的"虚幻市场"中，打造的产品是自己想要的，而不是用户想要的，最终的结果只能是离用户越来越远。因此，企业不可"自嗨"。

（2）自爱。"自爱"是"自嗨"的延伸，即企业对自己打造出的产品情有独钟、盲目自信、过于偏爱，甚至到了偏执的程度。

"自爱"也是"主观主义"的典型表现。有着"自爱"症状的企业老板过于相信自己的产品比对手的产品好，不愿意客观看待自家产品的优点和不足，不愿意向对手学习，不愿意关注市场价值点的转移并据此调整企业的产品战略，只是一味地固守自认为好的产品，故步自封、抱残守缺，被竞争对手超越是这类企业最常见的结局。

"自嗨"和"自爱"是企业打造好产品最大的心智障碍。"以自我为中心"是背离市场、远离用户的错误理念，而且是原则性的致命错误。依然保有这种错误理念的企业老板，必须改变自己，真正塑造"以用户为中心"的经营理念，做到"用户第一"。

2. 找对用户痛点

新的经济形势下，随着产品同质化和多样化，谁找准用户的"痛点"，谁就赢得了用户。对企业来说，要做大客户规模，最重要的就是做好产品，产品即营销，让"产品张口讲话"，从而不销而销。打造爆品的核心，也是营销的本质，就是"找痛点"，发现用户的痛点。

企业老板需要明白，用户的需求很多，总体上可以分为一般需求和痛点需求，用户对两种需求的关注程度是不一样的。对于一般需求，用户不会给予太多的注意力，用户可以购买产品来满足这种需求，也可以暂时不购买，可以购买某种产品，也可以购买相类似的替代品。这就意味着，根据一般需求打造的产品是不可能打动用户的，更不可能成为爆品。

金立手机是国产智能手机行业中比较独特的品牌。与传统品牌商不同，金立手机主打安全性、超长续航，号称"安全手机"，M6是业界首款内置安全加密芯片的手机，被称为当时"最安全的手机"。但是市场如何看待金立手机的安全功能呢？有多少用户会因为"安全"去专门购买一部手机呢？2018年，金立因负债200多亿元资不抵债，申请破产。然而，没有多少用户因为得不到安全功能而为之感到遗憾。

反观国内其他智能手机品牌商，它们推出的拥有各种特色功能的手机深受消费者的喜爱，这类手机一次次登上各大销量排行榜。行业内有一句非常经典的话：要在跳舞的猪和安全之间做出选择，用户总是会选跳舞的猪！可谓一语中的。

能否找准痛点决定成败。痛点需求是用户不得不购买产品来满足的需求。如果用户不购买产品，那么"疼痛"将持续存在。

企业需要关注用户的痛点，更需要找到用户需求中的"一级痛点"。什么是"一级痛点"？就是用户最迫切、最想要满足的痛点需求。根据"一级痛点"打造的好产品必然会受到用户的喜爱，才会成为爆品。

红豆居家成立于2004年，主营产品为以个性内衣系列产品为主的居家服饰，主打品牌"红豆内衣"已成为中国驰名商标，2007年更是获得了"中国名牌产品"荣誉称号。

2012年，红豆居家总经理周文江忽然发现，公司线下门店的产品卖不出去了，即使打折也无明显改善，公司试图通过增加产品品类来提升营收，并让所有高管去门店给店员打气。但是结果如何？依然是卖不动，库存反而增加了不少。

怎么办？周文江在突围期间，终于找到了问题真正的原因：不懂用户。以前搞的措施方向全部偏了，渠道已经不再是新时代的成功因素，"以用户为中心"，打造用户真正需要的爆品才是正确的出路。

痛点即产品，挖掘用户的"一级痛点"是打造爆品的关键。红豆居家是怎么做的？周文江坚持每天上班第一件工作就是看业绩数据，下班前要看业绩数据，睡觉之前要看业绩数据，早上醒来第一件事也是看业绩数据；公司高管要经常去门店现场走访，通过观察消费者的行为、问询店长销量好坏的原因，判断用户最为重视的需求；周文江还坚持每天与用户互动，持续发了6000多条微博，征询用户的意见：你们为什么要买保暖内衣？哪些是你们最大的痛点？有人说内衣起球，有人说掉色，有人说面料不舒服，有人说板型不好不舒服……终于，在对用户最为关注的痛点进行大量的分析之后，红豆居家决定研发新的产品：红豆绒内衣。

2014年，红豆绒内衣研制成功。这是一款什么样的产品？它兼具优良的柔软性、亲肤性、透气性、聚热性、保暖性、吸湿性、抗起球功能，内在质量指标均高于行业优等品标准，真正做到了极致。红豆绒内衣一经上市，迅速获得了市场的好评，"卖不出去"成为了历史。

"一级痛点"决定企业的生死。企业打造爆品，就需要在这样的痛点需求点上全力打穿。2017 年，在同行纷纷关店、倒闭的市场背景下，红豆居家逆势而上：门店扩张到 1200 多家，线上线下忠诚"红粉"超过 100 万人，年销量 1.2 亿件，公司营收同比增长 73%，营收达 20 多亿元，成为全国行业第一。

懂人性：抓住物质背后的精神需求

在消费层面上，人性指什么？人在满足基本的生理、安全等需求后，必然会追求实现精神层面的需求满足，这就是人性。人的需求无止境，从物质到精神，从低端到高端，从有形到无形。

在消费升级时代，消费者关注产品的品质，也越来越关注精神层面的满足。"懂人性"，就要懂得用户需求的一个显著变化：时尚满足，颜值即正义[⊖]。

我们先看如图 4-2 和图 4-3 所示的两组对比图。

图 4-2　街边"十元店"与名创优品店

⊖ 网络用语，指的是颜值成为最被看重的因素之一。

图 4-3　老式化妆品与花西子化妆品

图 4-2 分别展示的是老式杂货铺和名创优品店面，图 4-3 分别展示的是老式的化妆品和彩妆品牌花西子的产品。相信看过这两组对比图的人，都会不由自主地想着：好漂亮，想去名创优品逛逛，或者有需要就买支花西子口红！

仅仅产品展示出来的"美"就能打动消费者！

这是一个追求时尚的时代，是"颜值即正义"的时代！人们希望得到精神层面的愉悦，"美"提供了这种精神享受！

不仅仅是女装、化妆品、医美及智能手机，当下，就连家用电器产品也开始了"美"的升级！我们看下小米插线板展示图，如图 4-4 所示，可以看到，一个普普通通的插线板也可以设计得如此好看、如此精致，让人赏心悦目，而且内部的一体式铜带、固态电容控制电路、定制过载开关都在安全性上做了充分保证。小米插线板用料实在、产品美观，以至于当时市场普遍质疑：公牛的红旗还能打多久？

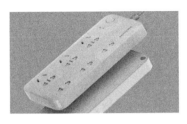 

图 4-4　小米插线板展示图

"90 后""Z 世代"消费群体是伴随着互联网、新技术成长起来的一代人,相比老一代人,他们在消费理念、消费意愿和喜好上有明显的不同,追求个性化、多样化,注重体验、时尚和感觉。年轻群体对时尚和美的追求,以及人们日益增长的精神需求,使"颜值即正义"成为趋势。

传统企业老板需要认识到"美"的力量,不能按照老旧的思想将之斥为"华而不实",要将需求、性能、品质、时尚、技术融为一体。须知,"不美"的产品会令消费者没有感觉,而"美"是获客的有力武器。

强聚焦:打造 1 米宽 10 000 米深的战略大单品

过去 40 年,很多企业"跑马圈地"、快速扩张、抢占先机,靠着机会主义的思维获得了阶段性的成功。可以说,过去 40 年企业的经营逻辑是上下通吃、左右横扫,"不要把鸡蛋放在一个篮子里"成了铁律。然而在今天的新经济下,商业的规律发生了变化,今天的市场可谓是商业的大争时代,企业必须区隔用户,聚焦资源,万箭齐发做核心产品，还必须做到极致才能获得发展的机会。固守过去"不聚焦"的思维让很多企业吃了亏，这些企业做了很多产品，却被对手的一款产品打败，这是令人惋惜的。今时的企业需要采用"战略大单品"策略，这才是制胜之道。"战略大单品"策略，就是要"强聚焦"，围绕一个爆品对企业进行整体部署和规划，其核心点就是打造爆品。

打造爆品是要"单点突破"，在一款产品上做到极致，击穿市场、成为第一。而要能够"单点突破"，必须在这一个单点上"集中所有的精力和资源"，即"强聚焦"。

2012年，雷军提炼出了互联网创业的七字秘诀，即"专注、极致、口碑、快"。中恩教育认为，"强聚焦"即"专注、极致"。"专注"是聚焦于1米宽的差异化产品，"极致"是把用户价值深挖10 000米深。唯有"专注"方能"极致"，产品"极致"，是爆品，必然会有"口碑"，有了"口碑"，就有了市场认可度，如此，形成良性循环，企业持续高增长就会大概率能够实现。

1. 专注：少即是多

对传统行业的中小民营企业来说，绝大多数企业的能力和资源都是很有限的。将有限的资源投入到多产品线，决策者和生产者的注意力被分散，心力不到位，生产出的产品大概率是平庸的，难以成为好的产品。践行战略大单品战略，专注于一个或极少产品，产品数量做减法，更懂客户，聚焦核心价值做加法，爆品自然会产生，其带来的业绩也将会远远超过多个普通产品的业绩。

国内餐饮品牌西贝为什么能够发展起来，成为西北菜系的餐饮头部企业？早些年间，西贝走过不少弯路，不断调整主打产品、更换公司名称，但始终不见成效。最终，贾国龙认识到了企业经营的核心：专注定位，打造爆品。西贝自2012年开始精简产品品类，将两百多道菜品缩减到33道，坚定主打"好吃战略"，并向客户承诺"不好吃，立刻退费"。西贝三代店的"小店模式+少而精菜品"使公司获得了爆发式发展，成为国内中餐品牌的龙头。

大道至简，少即是多。产品品类多，企业业绩往往平庸；专注、少而精，做出大单品，企业业绩反而大幅增长。多即是少，"广撒网"式的产品战略既不能打动客户、获得高销售业绩，还会降低企业的运营效率、管理效率，是事倍功半的经营策略。

2. 极致：用匠心打造超级产品

专注聚焦，做到极致，打造爆品。怎样算是"做到极致"？ 就是秉承"匠心"精神，注重产品的每一个细节，在现有条件下做到最好，打造超出用户需求预期的完美产品，让客户"看到即心动、用过即激动"。把产品做到极致，从商业价值角度来看，目的在于让用户体验成为一种享受，让产品在用户脑中产生深深的烙印，占据用户心智，从而获得持久的竞争优势；从社会价值角度来看，这样的产品能够给用户提供幸福美好的生活，如中恩教育的产品，旨在"用商业智慧造福于人类幸福"，这是大善。

我们看看行业头部企业的做法：

巴奴是"产品主义"的典型代表，致力于打造超级产品。巴奴把毛肚的生产、加工分解为12道工序，每一道工序都设定严格的工艺标准，如浸烫水温控制在75～80℃，嫩化时间控制在15～20分钟，嫩化后的毛肚必须在78℃的高温涨发池浸泡12～15分钟；用来熬制牛油辣锅底的"石柱朝天红"辣椒，只选用头茬儿品质最好的辣椒，还必须再经过挑选、去梗、粉碎，然后汇入锅中与上等的牛油、花椒、姜片等融合，才做出极致口味的牛油辣锅底；巴奴每年都会前往所用野山菌的原产地云南亲自采购野山菌，到锡盟羔羊原产地锡林郭勒盟大草原去抱一抱未满180天的小羊羔，到海拔1000多米的羌寨采购一级的茂汶大红袍花椒！

在儿童智能手表行业，步步高小天才电话手表的销量长期稳居国内市场第一，即使华为、小米这样的知名厂商也难以撼动其地位。为什么小天才可以成为儿童智能手表行业的龙头？核心原因就在于小天才在产品创新、产品打造方面做到了极致。从2015年开始，每一款新品发布，都使销量暴增（见图4-5）。

2015.06
Y01 | 经典版
第一款小天才
电话手表

2016.07
Z3 | 游泳级防水
第一款4G
电话手表

2018.06
Z5 | 高清视频通话
第一款能视频的
电话手表

2019.06
Z6 | 前后双摄
颠覆性创新双摄翻转
结构,开启电话手表
新纪元

图 4-5 步步高小天才电话手表

我们来看看小天才 Z6 产品。在翻转双摄方面,对弹簧凸轮式转轴进行了 100 000 次耐久性测试,搭载霍尔传感器,实现翻转即可立即启动后置摄像头,可以任意开启拍照、取词翻译、智能识物等功能;在防水方面,采用行业罕见的 20 米防水设计技术和多种定制的高防水元器件,还支持水下录像、拍照和一键排水;在防摔耐磨方面,表身采用 TPU 软胶包裹,融入 20% 的玻璃纤维;在硬件配置方面,定制高通骁龙 Wear 系列处理器,采用 1.41 英寸 AMOLED 视网膜屏,拥有 320 像素 ×360 像素超清分辨率,像素密度达到 342;此外,这一款产品还可以通过 NFC 刷公交卡、地铁卡,家长可以远程查看乘车轨迹。显然,Z6 巅峰版确实是超级产品,以至于"让大人也羡慕了"。

一分耕耘,一分收获。没有精益求精的精神和全力以赴的投入，不会有极致的好产品，没有极致的好产品，哪儿来用户的喜爱和企业的增长腾飞？巴奴从一个地方小品牌，成为超过海底捞的餐饮龙头企业；小米由七八个人组成的外行团队，发展到今天在销量上超越苹果，它们对极致产品孜孜不懈的追求和实践是关键因素！

　　乔布斯说：这辈子没法做太多事情，所以每一件都要做到精彩绝伦。生活就是一件让人倾尽全力、充满智慧的作品，一切都不能任意而为。对于苦苦找寻经营出路的中小民营企业，更应当以此为鉴。

三元爆品机制：高效获客、利润暴增的超级方法论

　　如前文所述，爆品，尤其是战略大单品，可以让企业真正获得客户的认可和青睐，从而带来业绩增长。不过，单一的爆品机制并不能实现效用最大化，中恩教育认为，企业应打造"三元爆品机制"，这一机制能够更为高效地获客，更能够实现"把利润做高"的目的。

　　什么是"三元爆品机制"？如图4-6所示，"三元爆品机制"指的是在产品机制方面，企业应当推出超级爆品、流量爆品、爆品群三大类爆品，通过组合使用，提升营销效率和经营效益。

　　超级爆品，指的是前文所述的"爆品""1米宽10 000米深的战略大单品"，推出这一类爆品的目的在于通过"好的、极致的产品"重塑客户对企业的心智认知，建立起企

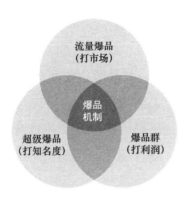

图 4-6　三元爆品机制

业的产品竞争优势，从而提升客户对企业的认可度，提升企业自身的市场知名度，助推业绩增长。

流量爆品，指的是以低价格销售的爆品。这一机制的价值是什么？是怎么发挥作用的？关键点有两个：其一是爆品，即销售的是"好产品"，产品"价值高"，能够满足客户的需求；其二是低价格，价格低到能够触动客户的心理。流量爆品的作用原理就是通过"高价值""好产品"与"低价格"的组合使用使客户产生心理反差，让客户感到"爽""兴奋"，从而实现产品与销售的联动，实现吸引大批量客户、产生大规模流量的目的。

流量是业绩的前提，流量决定企业的存亡。如何显著增加流量？除了销售和推广动作，重点就在于产品对客户有足够的吸引力，能够有效刺激客户的购买欲，而流量爆品机制的价值就在于此。价格吸引客户，价值留住客户，这是流量爆品机制的精髓，也是其能够显著增加流量的关键。

需要注意的是，流量爆品机制不是"打折、促销"，"打折、促销"只是一时的推广行为，而且为了保障利润，销售的产品有可能不是"好产品"，不能满足客户需求，而流量爆品必须是"好产品"，而且低价策略是持续行为。须知，流量爆品的本质和关键点是让客户基于"好产品"与"低价格"的反差感到"爽""兴奋"，并基于这种长期的心理感受对企业产生高信赖感，甚至是依赖感。这是流量爆品机制作用的最高境界。

有了超级爆品、流量爆品，企业还需要爆品群。超级爆品提升市场知名度，流量爆品引流获客，爆品群在于实现企业利润暴增。什么是爆品群？简单地说，就是一系列利润产品，价格不低、利润率偏高的产品系列。客户被超级爆品、流量爆品所吸引并且购买了这些产品，他是被满足了一些需求，但是客户还有更多的需求、更大的需求有待满足，一系列利润产品的推出正是要满足这些大的、更高程度的需求，并获得高利润、高效益。

比如某些餐饮企业，它们会推出少数流量爆品，如3元的麻婆豆腐。这些"引流菜"好吃且低价，顾客就会被吸引来，就会感到"爽"，产生信赖感，这样企业的流量就会增加；当顾客走进餐厅时，服务员会介绍后端的一系列菜品，这些菜品依然是爆品、依然好吃，但价格并不低。

顾客对企业有认同感，对菜品有信赖感，后端菜品自然容易销售出去，高利润自然而来。

实践证明，"三元爆品机制"既能解决"获客难"的实际问题，又能实现高额利润，是非常有效、实用的超级方法论。

CHAPTER 5

第 5 章

人才机制
先人后事、选择"对"的人

假设商业只有一件事,那就是找对人。

——贺传智

企无"人"则止,有"人"则起。

1992年,辞掉"铁饭碗"的方洪波南下广东,入职了顺德的一家生产电风扇的乡镇企业,即"美的"。

1997年,在美的面临存亡危机之时,毫无销售经验的方洪波被老板何享健提拔为空调事业部国内营销公司总经理。方洪波亲自挑选、面试、培训销售人才,组建了以应届大学生为主体的销售团队,并辞退了几乎全部的原有销售人员,换掉了90%的代理商。1998年,美的成功扭转危局,一年卖出90万台空调,超越了"科龙"和"华宝"合并后的销量总和,从此奠定了美的在我国空调行业的一线地位。

2012年,何享健卸任董事长,交棒给方洪波。这一年,公开数据显示,美的年度营收同比下降近27%,净利润同比下降6.25%,美的长期坚持的多元化战略遭遇了市场挑战。方洪波亲自开启了美的的变革,由多元化战略转变为专业化战略,由规模导向转变为效益导向。2015年,美的营收再次做到1200亿元,但净利润却是之前的3倍;2016~2017年,美的市值数次位居深市第一,重新受到资本市场的青睐!

2019年,美的实现营收2782亿元,位居中国家电行业营收第一。更为重要的是,美的实现了从"家电企业"向"科技集团"的转型!美的获得了新生!

何享健说:我给你个机会。方洪波答:我还你一片江山。何享健选择了信任，放权给方洪波，而作为职业经理人，方洪波尽责尽能，给了何氏家族一个全新的、更有生命力的集团企业。

欲得天下者，必先得人。在何享健确定接班人之前，曾有行业知名人士指出：美的最大的风险就是方洪波这样的职业经理人的离开。得一人而得未来，何享健做到了。

人才是企业的第一生产力

人是万事兴起的根因。民营企业老板要真正认识到人才对企业生存和发展的重要性，把人才工作放在企业管理的第一位。

人才是企业增长的第一战略资源

宝洁公司前总裁约翰·白波曾经说过：假如你拿走了宝洁的人才，却留下了金钱、厂房和产品，宝洁将会失败；假如拿走了宝洁的金钱、厂房和产品，留下了人才，宝洁将在10年内重建王国。类似的说法也见诸通用汽车公司前总裁史龙·亚佛德、美国钢铁大王安德鲁·卡内基、"世界第一CEO"杰克·韦尔奇、世界前首富比尔·盖茨等。

且不论世界500强企业，单对中小民营企业而言，试问：除了人才，还有其他可以凭借的资源吗？答案是无疑的：没有，只有人才。

大部分民营企业起于寒微，没有可以依仗的背景，没有雄厚的资金支持，没有现成的市场资源，诚如任正非所说，"华为没有可以依存的自然资源，唯有在人的头脑中挖掘出大油田、大森林、大煤矿"，中小民营企业也是如此，只有充分挖掘人力资源、发挥人才的价值，才能够获得市场、获得规模。除此之外，再无其他。

我国成功的民营企业家绝大多数都拥有一支优秀的人才队伍，任正非旗下有孙亚芳、徐直军、郭平、余承东，阿里巴巴有"十八罗汉"，腾讯有"五虎将"，百度有"七剑客"，段氏有"七雄"，小米有"八大金刚"，携程有"四君子"。没有卓有才智的人物，这些企业如何从小到大、由弱到强？

中小民营企业一般要经历四大关口——能否做起来、能否扩大规模、高业绩能否持续增长、能否做强，每个关口都需要企业拥有相适应的、卓越的能力。做起来要靠战略能力和销售能力，扩大规模要靠营销体系运作能力，持续增长要靠战略规划、营销体系和组织管理能力，做强要靠更高层次和水平的管理能力与企业文化，而每一种能力都必须有与之对应的合适的甚至是优秀的人才。试问：起点低、底子薄的民营企业，其老板和原初的高管队伍是否拥有这些能力呢？实际上，绝大多数企业是不会全部具备这些能力的。唯有靠重视人才、吸引人才、招聘人才才可以补全这些稀缺能力。这是唯一路径,其他都靠不住。

在企业发展的每个关口,都会有大量的企业消亡,成功过关者寥寥,而人才是能够过关的唯一钥匙。

我们看看名企是如何重视人才的:

雷军为了招到 1 名优秀的硬件工程师,连续打了 90 多通电话。几个合伙人轮流和对方交流了整整 12 个小时。

华为每年都要组织大规模的校园招聘,对名牌大学的应届毕业生甚至是整班签约,而且薪水居中国科技公司前列,应届生年度薪酬总额在 20 万元上下浮动!对于关键岗位,华为高层更是亲自参与招聘。

处在发展期的民营企业中,已经有不少开明老板着手将企业总部或研发中心搬至北京、上海、广州、深圳等一线城市。为什么?正是看中了当地的人才资源。这些老板已经充分认识到人才的重要性。

对于大量依然对人才工作懵懂、淡漠的企业老板,要明白这么个道理:不重视人才工作,不投入、不参与,就是在给企业种下失败的种子。

人才构筑组织能力,决定企业的成长

1. 人的因素是如何影响企业发展阶段的

一般来说,企业从初创期到成熟期会经历以下三个阶段。

第一阶段：老板个人英雄阶段，其特点是"老板行，一切都行"。这一阶段，企业初创，团队成员主要是创始人团队和少数执行人员，企业的主要任务是提供产品、开发客户，内部运营和管理相对简单。在这一阶段，常见的现象是老板亲自抓生产、抓销售。老板作为企业的主要创始人，对企业的经营规划、运营流程十分清楚，再加上人力资源不足，因此，老板承担起销售员、生产管理员、技术员等的职责，并且直接指挥一线工作人员。在这一阶段，如果老板有能力，就可以直接让团队产生较好的绩效，从而获得市场认可，使企业经营走上正轨。

第二阶段：组织抑制阶段，其特点是"老板行，一切不行"。在这一阶段，企业有了一定的市场规模，内部人员逐渐增多，企业开始新增部门、岗位，运营和管理逐渐复杂。在这一阶段，由于长期形成的亲力亲为的工作作风，老板很有可能依然直接介入企业运营和管理的主要工作。如果老板工作能力很突出，那么企业也会继续向前发展，但这种行为弊大于利，主要弊端在于抑制了各专业职能领域人才作用的发挥。老板对各方面工作的介入和干预，会使工作人员无所适从，甚至放下责、权，不再主动积极作为，而只静等老板指示。如此，各职能的专业能力未能得到发挥，员工的能力也未能跟随企业的成长而发展。这个时候，企业业绩虽然较好，但组织能力被抑制了，这是危险的。

第三阶段：组织成长阶段。其特点是"大家行，老板行"。这一阶段始于老板对个人角色的觉醒和再认知。即使老板能力突出，也会遭遇"天花板"，老板对各个方面都干预，很有可能产生"外行指导内行"的不良后果，导致企业运作出现混乱，甚至过早陷入发展困境。当老板意识到单个人能力的不足，开始学会"通过别人拿结果"时，组织开始成长。在这一阶段，老板能够知人善任、充分放权，每个关键岗位都配置有合适的人才，这些人才职责权限清晰，企业各个职能领域的工作围绕经营目标有序开展，产生各自绩效；老板作为领导者，承担战略规划、企业文化打造、核心人才培养等职责，不再介入各领域的具体工作；企业里的人才被打造成了独具企业文化的团队，团队的凝聚力和战斗力得以提升，企业在老板的引领下、整个团队的推动下蒸蒸日上。

可以说，民营企业在成为成熟化、规模化的大中型企业之前，基本上都要经历上述三个阶段。第一阶段，企业是"游击队"形态；第三阶段，企业是"正规军"甚至是"集团军"形态。企业要做大做强，必须从"游击队"发展为"正规军""集团军"。其中的关键就是组织能力的培养和打造。

2. 人才是提升组织能力的核心

中恩教育认为，企业成功＝战略×组织。

什么是组织？企业内部的各个人员凝聚成一个紧密结合的团队，该团队的整体绩效大于所有个体工作绩效的和，即"1+1+1＞3"，这就是组织。战略是方向，是取舍，而组织的价值是能力。组织能力越强，意味着团队的战斗力越强，企业的整体业绩越高。组织能力或战略有致命的短板，企业都做不到持续增长。

那么，组织能力由什么构成呢？组织能力由文化、机制和制度、人才三方面构成。

（1）文化。文化是"对企业未来发展方向和蓝图的展望"，是"引领、保证企业和员工'做正确的事、正确地做事'的核心价值观念"，企业的使命、愿景、价值观各有其作用，共同形成了全员一致的精神契约，这一契约统一了员工的思想意识，培育出了全员共同的信仰和追求，而共同的、高远的信仰、事业追求和发展目标会激活团队每一位成员的内在价值渴望，从而迸发出巨大的精神力量，形成人人奋勇向前、奋斗不止的战斗状态。文化是在信仰层面上激发团队的战斗力，打造组织能力，解决员工"愿不愿意干"的问题。

（2）机制和制度。机制是以激发动力为目的，以牵引、驱动员工为主要内容的规则体系，如激励机制、培训机制等；制度是发挥约束作用的要求和规范，如工作纪律、职业行为规范等。机制的功用在于激励员工，提高其工作的主动性、积极性，让员工能够自动自发地投入工作、产生绩效；制度是为了保证企业的良性运转而对员工的工作行为制定的约束和要求，目的是"规避风险、减少错误"，保证员工"正确地做事"。机制和制度解决在企业里"让不让员工干"的问题，好的机制和制度可以让"不良"的员工变得积极正向，而不好的机制和制度会让积极正向的员工变得"不良"。

（3）人才。人才是组织能力的核心，是企业战略目标落地的基石。如果团队成员缺乏能力，胜任力不足，即使文化、机制和制度制定得很合理，企业的战略目标、经营绩效目标也永不可能实现。企无"人"则止，其中的"人"实质上指的就是人才。人才是企业的第一生产力，没有这一关键因素，万事皆成空；有了人才，再加上文化的向心力、机制的驱动力，组织便如虎添翼，企业就能够成为"正规军""集团军"。人才解决的是"能不能干"的问题，这是根本。

中小民营企业要想成长、发展壮大，必须实现从"游击队"到"正规军"的转变，要打造卓越的组织能力，否则内在能力不足将会成为企业成长的最大瓶颈，持续高增长永不可能。而要打造组织能力，最不可或缺的、最重要的就是人才。不重视人才，企业的组织能力会一直停留在"游击队"阶段，直至被市场竞争所淘汰。

先人后事：人是事的根因

人才及人才工作对企业的管理效率、经营增长的价值毋庸置疑，然而在现实中，人才工作却往往没有得到重视。

低效的"先事后人"思维

众所周知，在企业生命周期的各个阶段，经营管理都会出现诸多问题，如战略迷失、缺乏竞争优势、产品不被客户认可、没有品牌、销售乏力、交付周期过长、成本增加、利润下降、资金紧张、人效低、执行力差等，其中的关键问题甚至会导致企业破产。解决这些问题，自然成为企业老板工作中的大事。那么，企业老板是怎么解决的呢？

对处于成长期、发展期的中小民营企业，不少老板的解决办法是充当"救火队员"，亲临现场解决。解决什么？解决一项项具体的事情：销售人员开发客户少，业绩增长乏力，老板亲自主持会议，研讨解决产品策略、营销策略难题；重点工程项目进度缓慢，引发了客户的不满意，老板每天到工地现场"督战"，解决一个个"疑难杂症"；产品质量不过关，时不时被客户投诉或者被商家退货，老板要求质检部派专人每天去生产车间，盯着操作工的每一道工序作业……

这就是典型的"先事后人"思维：发生了事情、遇到了问题,第一个念头是"要把这个事情给解决掉",去分析问题的原因,寻找解决问题的方法,认为解决事情才是主要工作,事情解决了就很难再发生。

但是,"先事后人"的思维却是低效的。

问题能解决吗?企业的事项涉及各个职能领域,老板有足够广度、深度的专业能力来解决众多问题吗?全靠老板解决显然是不现实的,很多内在问题是难以解决的。

虽然当时问题解决了,但后续老板有足够的时间和精力来处理类似的问题吗?老板不可能时时刻刻盯着销售、生产、品控、工程、研发,当老板难以分身时,这些问题肯定会再次出现,老板还要再去亲力亲为吗?势必捉襟见肘、疲于应付。

此外,作为企业的最高决策者,老板把大量的时间和精力用来处理一个个具体的事情是不值得的。老板没有足够的精力去思考、部署决定企业生死存亡的战略性规划、重大任务安排,会降低企业的经营效率,甚至会导致企业短命。

胖东来董事长于东来曾经说过:"我见过许多身价几千万的、几个亿的、几十个亿的老板,我发现一个规律,这些老板大都是满脸的焦虑,整天喊着活得累。其实,我看,中国95%的企业家都不会活。"有些企业老板殚精竭虑,甚至精疲力尽,被企业中不断出现的"跑冒滴漏"所困,甚至到了有"企业"无"家"的地步,但收效甚微。

为什么？因为他们没有看到问题的根源，只是四处"打补丁"而已。

那么，问题的根源是什么？答案是"人"。"先事后人"的老板没有意识到一个根本道理：人才是问题的原因，要想解决问题、处理好事情，重点在于解决人的问题。

万事由人而起，人是因，事是果。老板将大量的时间用于处理和解决具体的事情是"治标不治本"的做法，而且必然会被这些事情所束缚；老板关注人、解决人的问题，"先人后事"，便是抓住了根本，是"治本"的做法，必然是事半功倍，也才有可能做到"老板解放、员工自驱、业绩倍增"！

"人的问题"到底是什么？核心是人才不到位，即关键岗位上没有配置人才。

当一家企业有了高能力的专业人员，产品研发、市场推广、销售业绩达成、生产进度管控、资金筹划、人员招聘与培训、组织打造等自然不会再是难题，企业的很多问题也不会发生，而且经营管理能力也会增强，这样的企业才有可能实现大的突破；而如果关键岗位上没有这些人才，必然是问题丛生，企业的发展处处受到阻碍，企业会被困在现实的"问题""困难"中，发展根本无从谈起。很多民营企业做不起来、做不大，除了缺乏战略，主要是因为没有合适的人才。方洪波任职美的空调事业部国内营销公司总经理之初，为什么要裁掉销售部门主管？因为这些主管职业素质偏低，不仅不能带领团队做出高业绩，还导致渠道管理出现了很多负面问题和乱象！事实上，很多民营企业的发展瓶颈正是在此！

老板对人才不重视是问题的根源

为什么很多民营企业老板"先事后人"？为什么多数中小民营企业长期不能有效解决人才到位的问题，企业中的关键岗位配置的并非都是有高能力的专业人员？中恩教育认为，根本原因只有一个，即以老板为代表的企业领导层不重视人才。

可能会有不少企业老板反问：我是重视人才的，非常希望企业有好的人才，愿意给人才高薪水、高职位。真是如此吗？

中恩教育专门就这一问题做过调研。我们把老板的工作分为两部分：一部分是人的工作，主要内容是找人、选拔人才、培养人才、管理人才；另一部分是事的工作，主要内容是安排工作、处理事情、解决工作中出现的问题。我们调研众多老板：您的日常工作是以人的工作为主，还是以事的工作为主？调查发现，超过80%的老板都是以事的工作为主，他们每天被各种各样的工作、问题所包围，鲜有时间和精力关注人的工作。

这就是事实。虽然老板认为自己重视人才，但实际上却是相反，领导层并不真正重视人才，他们不投入、不参与，或者投入、参与得很少。

（1）不投入。不投入时间和资源。老板总是有忙不完的工作，60%以上的时间都用来处理企业产品、客户关系、销售、生产、品质、资金等方面的事情和问题，没有抽出较多的时间去关注人才，去思考企业需要什么样的人才、怎么招以及如何用人、育人、激励人、留人。当需要开拓新的招聘渠道挖掘外部人才，或是需要通过组织一系列培训活动对内部员工进行能力提升时，企业往往以成本问题为借口削减预算，结果企业没有更好的渠道去找寻更优质的人才，员工的职业能力迟迟得不到提升。

（2）不参与。不参与重要岗位的人才选拔。重要岗位不仅仅指中高层岗位，还包括对企业发展有重要影响的其他关键岗位，如技术工程师、产品架构师、销售经理、产品经理、客服代表、市场专员、生产主管等，这些岗位的工作结果直接影响客户对企业的产品、服务的认可度。现实情况是，多数老板最多参与中高层岗位的面试，对基层关键岗位的面试和人才选拔不上心、不参与，而是交给了分管领导负责。

不投入、不参与即不重视。我们看看成功的企业家是如何做的：

在小米创立之初，雷军将个人80%的时间都用在找人上。"当时，我列了一张表，一个一个地打电话，说我想干什么事情，你能不能给我15分钟的时间在电话里聊一聊，如果在电话里聊你觉得不靠谱，我们能不能一起喝杯咖啡、吃个饭？""当时，我每天有12个小时都在招人。"小米前100名员工入职，雷军都亲自面试、亲自沟通。为什么？因为这100人，不论岗位类别、职位高低，都是新公司的骨干人才，是公司创造业绩的主力，而且决定了公司会成为什么样的组织。

张一鸣，一位"80后"，创办了字节跳动公司。截至目前，公司业务已经覆盖了全球150个国家和地区、75个语种，其爆品"抖音""火山小视频"风靡海外市场，其中"抖音"日活跃量达6亿！张一鸣是如何找人的？在团队创立初期，张一鸣就是公司的"HR"，像雷军一样，前100名员工全部是他亲自面试的。为了挖一位曾在微软工作过的资深工程师，张一鸣"一个接一个地打电话，向所有他能找到的人打听此人消息""通过微博、微信等各种渠道，和这位工程师产生联系"，在前期就花了30个小时做信息调查！张一鸣10年间面试了2000人！

雷军、张一鸣对找人的投入和付出，才是真正重视人才的表现。很多老板以为自己重视人才，只是一种自我认识，这种认识没有上升到思想层面，没有成为信仰，不会产生实际的改变。

老板要成为第一人力资源官

人才是企业经营管理的"牛鼻子",老板要抓"牛鼻子"工作。

什么是"牛鼻子"?"牛鼻子"指的是事物的要害、关键。抓住了企业的"牛鼻子",意味着抓住了企业经营管理的主导因素和主要矛盾,企业的其他活动自然会被带动。人是所有事情的主导者,抓住了人才、管理着人才,企业中的主要事情、发生的主要问题自然会被高效地处理和解决。不抓人才这一"牛鼻子",而是直接去处理事情和问题,基本上都是事倍功半的结果。

人才对企业的重要性显而易见,人才工作必须成为老板的首要职责。老板不仅要改变自己的思想认知,将人才放在第一位,还要明确自己在人才工作上的角色和定位:老板应当是企业第一人力资源官。

传统的理念认为,人力资源工作是企业人力资源部门的职责,他们负责企业人员的招聘、培训、薪酬激励、绩效管理及员工关系等,人力资源部门负责人向老板负责,老板管住人力资源部门负责人即可,不需要亲自去抓人力资源工作。这种认识是狭隘的。

如前文所述,人才是企业增长的第一战略资源,决定着企业的成长与发展。可以说,人才工作是战略性工作,而对于战略性工作,必须由老板亲自去抓才有可能达到预期效果。人力资源部门负责人受到职位层级限制，不一定能够充分认识到人才的战略性作用，不一定会全身心地履行职责，即使有较高的认知和工作责任心，也不一定有权限调动相关资源开展关键的人力资源管理工作，这也就意味着如果把推动人才工作的主体责任交给他们，人才管理的效果是会打折扣的。唯有老板，既有认知又有权威，当其成为企业人力资源管理的第一责任人和主导者时，人才工作才会有显著成效。

广泛分析成功企业老板的特征，不论是 500 强企业、上市公司的老板，还是未上市的普通民营企业的老板，不论是在企业初创期，还是在"集团军"阶段，多数都是亲自把握人才工作，把人才工作当作除了战略规划之外的第一要事。对于尚处于成长期、发展期的中小民营企业，人才的作用更为重要，老板需要切实担起"第一人力资源官"的责任，在人力资源总监、经理的配合下主导推动企业人力资源管理工作，真正让人力资源成为企业高增长的发动机。

先选后培：人才首先是选择出来的

管理学大师吉姆·柯林斯通过研究全世界长盛不衰的卓越企业，发现了一个成功奥秘：请合适的人上车，请不合适的人下车。"请合适的人上车"是什么意思？通俗地理解，就是选择对的人。

选对人比培养人更重要，事半功倍

企业经营就像睡莲，营业收入、净利润、业务规模都是浮在水面上的莲花，而这朵莲花能否灿烂绽放，完全取决于水下面那些看不见的根系和养分，这个根系就是人，养分就是能力。经营企业本质上是在经营什么？产品？服务？都不是，本质是在经营能力，能力的组合决定了企业之间的差异，从根本上决定了企业的强弱和未来前途。

如前文所述，人才是组织能力的核心，是企业增长的第一战略资源。配置胜任岗位的人才是关键的、必需的，但是在配置前我们必须思考一个根本问题：人的能力是培养出来的，还是选择出来的，或者说哪个更重要？

吉姆·柯林斯的研究结论表明世界500强企业更倾向于认同后者，即"人的能力首先是选择出来的"，这代表了欧美企业界的看法。那么，我国企业界持什么观点？华润集团前董事会主席、中粮集团前董事长、中化集团前董事长宁高宁认为："经理人应该是选出来的，你必须很好地去度量、选拔、评价，而不是强行培养""选是第一位的，如果选的过程当中下的力气比较大，他就会是一颗好的种子，这样你给他更多时间去发挥就会好很多"。标杆人士在告诉我们什么？他们在告诉我们：选择人才，事半功倍，人才发挥的效果远胜于培养成才。

毫无疑问，人才培养是必要的和重要的，但若想有好的培养效果有个不可忽视的前提，即要培养的人是"种子"，是有潜力的、能够匹配未来岗位素质要求的人。然而，在管理实践中往往很难做到这一点。很多企业难以科学地度量人的潜力和特质，或者根本不重视对人潜质的判断，结果发生一个多数企业常犯的错误：它们用2%的精力做招聘，却用75%的精力来纠正当初的招聘错误，它们努力投入更多的精力、财力去培养不合适的人，但是最终的结果还是不能胜任，企业与人才"双输"。不是所有的小树苗都能长成参天大树，雏鸡是不可能成为老鹰的，培训培养是重要的，但一定要追求效率。

一家企业人才的发展和效能的提升，50%靠选择对的人，30%靠薪酬激励机制，20%靠培训培养。选择出对的人决定企业的"半壁江山"！"人对了，企业就对了。"《哈佛商业评论》上曾发表过一篇名为"明星成员打造明星团队"的文章，文中提到，"苹果公司顶级研发者的绩效是其他科技公司普通软件工程师的9倍，一流的医疗诊所中最好的器官移植医生的手术成功率是普通医生的6倍"。美国印第安纳大学的波义耳教授和乔治城大学的阿吉尼斯教授研究发现，"在创新主导发展的新时代，1%的员工就可以贡献总绩效产出的10%，位列前14%的员工贡献了50%以上的绩效，处于16%~85%区段的大多数员工总共只贡献了46%的绩效"。1%的顶级人才是培养出来的吗？不是的，是选出来的。

我国市场经济已经走过了主要依靠劳动力数量的传统阶段，逐步走向新技术、新经济、新业态的新商业文明阶段，企业的增长越来越不依靠人数，而是取决于少数明星员工的贡献。明星员工来自哪里？显然，不是来自培训培养，而是来自"选择出对的人"。

选对人的诀窍：先看基因，再看"人才画像"

"选对人"是人才工作的根本。唯有对的人才才会创造出高业绩，为企业带来利润而不是制造成本。

对不少中小民营企业老板来说，"选对人"、识别出合适的人才是困难的。如何判断一个人是不是"对"的人？对老板来说，识人能力是必备能力。缺乏这一能力，老板即使对人才再重视，也会因为选人错误给企业带来大的伤害，进而使老板对人才产生深深的不信任，而这种不信任会严重破坏企业的持续发展。

1. 识人首先看基因，基因决定了成长空间

为什么"苹果公司顶级研发者的绩效是其他科技公司普通软件工程师的 9 倍"？为什么"一流的医疗诊所中最好的器官移植医生的手术成功率是普通医生的 6 倍"？答案很简单：因为基因不同。什么是基因？这里所说的基因指一个人的能力 DNA，是一个人底层能力的类型和模式。

看"基因",通俗地说,就是看他是不是"那块料",是否有做成事情所需要的"先天禀赋"。一个人是做成某类事的"料",才是对的人,才有可能成为明星员工、创造出高绩效,企业对这个人的管理才会有高效率和高回报。

人的才能总体上可以分为两大类:专业能力和底层能力。专业能力指的是经过后天学习获得的在某一或某些领域的专业知识和技能,如财务总监掌握的财务管理能力、人力资源总监掌握的人力资源管理能力;底层能力指的是个体独特拥有的、显著优于其他人的、基本层面的能力。实践证明,人的底层能力是决定一个人才能大小的关键因素,才是基因,是"料"。底层能力强,专业能力一般也较强,业绩就会突出;底层能力弱,专业能力一般也不会强,业绩很难有突破。

那么,人的底层能力一般有哪些呢?我们可以通过职业性格理论来进一步认识。

国际权威的霍兰德职业性格理论将人的职业类型分为六种,对每一种类型的底层能力描述如表5-1所示。

看"基因",就是看一个人底层能力的倾向性,是企业型、社会型还是研究型、艺术型,要根据能力的不同倾向安排合适的岗位,做到人岗匹配。企业型的人去做传统型岗位的工作,是低效的;研究型的人去做社会型岗位的工作,也是低效的。只有相互匹配,人的底层能力与工作特点相契合,人的能力才能充分发挥,才会产生高绩效。

表 5-1 霍兰德职业类型

职业类型	底层能力描述	匹配岗位（举例）
企业型	个人成就动机强、目标感强，底层能力倾向于领导他人、影响他人	高级销售管理岗
社会型	重视社会关系和归属感，底层能力倾向于人际沟通、合作和服务意识	客户服务岗
现实型	重视操作和具体作业，底层能力倾向于工具操作技能	一线操作工
传统型	重视权威、规则和条理，底层能力倾向于计划和执行	行政后勤岗
研究型	求知欲强，抽象思维能力强，底层能力倾向于分析、探索、研究	研发工程师
艺术型	有创造力，渴望表现个性，底层能力倾向于艺术性、创造性才能	设计师

提高识人能力，判断出是不是"对"的人，不仅要靠外在的履历，更要关注内在的底层能力，越是选用高级人才，越应该如此。

2."人才画像"是选对人必需的评价方法

看"基因"，是判断一个人的底层能力，是不是那块"料"，这是识人的第一步。第二步要判断这个人的实际职业能力，即岗位胜任力水平，是不是符合岗位要求。

如何判断一个人的岗位胜任力水平？需要看人才画像。

麦克利兰针对胜任力提出了著名的"冰山模型",如图5-1所示。该模型认为,个体的素质可以分为"外在的、看得见的能力"和"内在的、看不见的素质"。"看得见的能力"包含知识、技能、经验,"看不见的素质"包含社会动机、自我认知、个性、价值观、社会角色等。该模型要求在选拔人才时,不仅要评价外在能力,还要关注内在素质。

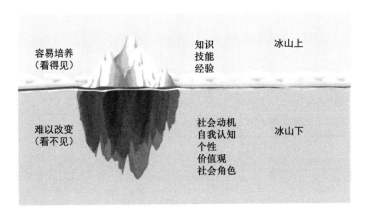

图5-1 胜任力"冰山模型"

冰山模型中主要能力和素质的定义详见表5-2。

人才画像就是依据岗位职责和绩效目标要求,将胜任该岗位所应具备的知识、经验、技能、价值观、动机、品性等用语言描述出来,这就构成了人才画像。人才画像的核心内容即"冰山模型"的"看得见的能力"和"看不见的素质"。

表 5-2　冰山模型中主要能力和素质的定义

能力/素质	定义	示例
知识	一个人对某特定领域基本信息的了解	管理知识、财务知识、产品知识等
技能	一个人能完成某项工作或任务所具备的具体操作能力	外语能力、软件开发能力等
个性	一个人一致的、持续而稳定的性格特点和行为特性	正直、诚实、责任心等
社会动机	一个人内在的、自然而持续的需求和偏好，驱动、引导和决定个人行动与选择	成就需求、人际交往需求等
价值观	一个人对事物是非、重要性、必要性等的价值判断取向	合作精神、献身精神等

人才画像从更为全面的角度来评估候选人是否有能力履行岗位职责、达到预期的绩效目标，是否能够适应企业氛围和企业文化。人才画像是在"基因"的基础上，对具体的能力素质进行评价，从应用的角度来鉴别人才。如对营销总监的选拔，除了判断其底层能力是否属于"企业型"外，还需要对候选人是否具备深厚的行业知识、产品知识，较高水平的团队管理技能、人才培养技能、渠道管理技能，以及其性格特征、职业发展动机、自我认知等进行评价。综合评鉴之后，方可做出选人决策，判断候选人是否匹配岗位、能否做出业绩、能否融入团队。只根据底层能力进

行判断，可以看出候选人的能力倾向、潜力和未来的绩效成就，但这是不够的，还要根据人才画像进行综合判断，才会选出真正合适的人。

经典的销售岗人才画像如图 5-2 所示。

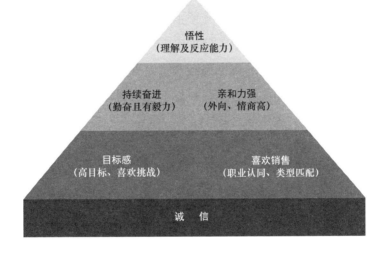

图 5-2　销售岗人才画像

"诚信"反映的是品德，"目标感"反映的是内驱力，"喜欢销售"反映的是"社会动机"，"持续奋进""亲和力强""悟性"反映的是销售岗所需要的核心能力素质。在这六个方面有持久优秀表现的人最能胜任销售岗。

选择专业化的人才，淘汰不专业的员工

日本著名管理学家大前研一针对日本企业的发展提出

了"专业主义"的概念,他认为,专家阶层的势力迟早会增强,并动摇日本的产业界。

其实不只是日本,市场经济模式下的经济体都会如此,包含我国,专家阶层将会兴盛,并成为商业社会的主体群体。这是经济规律和社会规律决定的。对于我国而言,在投资驱动经济的阶段,主要依靠外部资源、要素实现增长和发展,这个时候智力的价值并不明显,但随着我国国民经济由高速度、高规模向高质量转型,由外部要素驱动向内部创新能力驱动转型,智力资源将成为市场的主导因素。而专家,就是智力资源的典型体现。

什么是专业化?就是成为真正的专家。大前研一给出了指导建议:专家要控制自己的情感,并靠理性而行动,他们不仅具备较强的专业知识和技能,以及较强的理念,而且无一例外地以顾客为第一位,拥有无穷的好奇心和永无止境的进取心,且严格遵守纪律。

专业化意味着竞争力,意味着高组织能力和高人效,也就意味着高质量发展。非专业化代表什么?代表粗放式经营和管理、低水平、低人效,意味着缺乏竞争优势,也意味着难以突破经营困境。对于中小民营企业,要想通过内生能力实现高人效、高增长,唯有靠专业化的人才,靠真正的专家,而不能再靠只是拥有职业经验、社会阅历的人员。

找人要舍得投入，要有投资收益思维

"找对人"并不容易，尤其是找到关键岗位的核心人才，对方还能够入职企业。优秀的人才数量稀少，也不会轻易地"召之即来"，因此，企业老板需要投入较多的时间、精力，亲自参与对优秀人才的沟通、面谈与说服工作，更应该舍得投入金钱资源，开拓找人渠道，给予优秀人才不菲的薪酬待遇。

老板不舍得投入，一方面是因为不重视，认为没必要投入太多，另一方面是因为没有树立"人力资本"的理念。传统的"人力资源"理念关注的是资源的效能，即员工能力的强弱以及工作绩效结果的高低；"人力资本"理念是站在投资收益的角度，关注的是人才能为企业带来的增值价值和发展前景，考虑的是投入产出比。

持有传统经营理念的老板会把员工当作资源，用来实现经营目标的劳动力资源，"招人来，就是给企业打工，完成工作任务，实现业绩目标"，这样的老板很难发自内心真正地重视人才，更不会为了找到合适的人投入较多的精力和金钱。而有"人力资本"理念的老板，他们认识到人才不是用来完成任务的，而是发展企业、创造市场，可以让企业增值的"无形资本"，是企业真正的财富，在这种思维下，需要投入的时间、精力和资金便成为获取人才的工具、资源。这样，老板自然舍得投入，因为获得优秀人才的价值更大,企业由此产生的效益会更高。

舍得投入,获得优秀的人才,是企业赢得未来的必然选择。

先将后兵:干部是人才工作的"牛鼻子"

谁是企业人力资源的主力军?干部。"战略确定后,干部就是决定性因素。"干部的能力素质能够决定一家企业的人效和团队战斗力,进而决定企业能否实现高增长。"欲治兵者,必先治将",这是中国古代兵家总结出的一条重要治军经验。治企如治军,企业人才工作必须"先将后兵"。

如何做到"先将后兵"?

打造"核心圈"团队是第一要务

什么是"核心圈"团队?是以老板为代表的决策层团队。团队中的成员是企业主要职能领域的高层决策者,决定着各职能工作的目标、主要工作计划、人员安排和重大事项的处置。通俗地理解,就是企业的干部团队,重点是高管团队,如腾讯"五虎将"、小米"八大金刚"等。

1. 1%原理:关键少数决定多数

为什么打造"核心圈"团队是重点?我们先来学习一

个法则。

一百多年前,意大利经济学家维尔弗雷多·帕累托在研究社会财富分配时发现,"20%的人口掌握了80%的社会财富"。帕累托继续在其他领域研究,发现:一个城市的交通瘫痪不是来自80%的路口被堵,而仅仅是由于20%的路口被堵,就造成了整个城市的交通都被堵塞。基于此,他提出了著名的"帕累托法则",即常说的"二八法则"。人们将这一法则延伸应用在管理实践中,认为"在任何情况下,事物的主要结果只取决于一小部分因素"。形象地讲,即"20%的因素决定了结果的80%"。这一观念被反复证明是正确的。

我们对"二八法则"做进一步计算和分析,如表5-3所示。

表5-3 1%原理

分解步骤(按照 "二八法则"分解)	20%的因素	80%的结果
第一步分解	4%(20%×20%)	64%(80%×80%)
第二步分解	0.8%(约等于1%)	51.2%(约等于51%)

表5-3的分析结果形象地告诉我们:1%的因素决定了51%的结果,这就是1%原理。这一原理同样适用于管理实践。

谁是企业人才队伍中的那1%?企业中设置有各类各

级岗位，每一个岗位和人员都会对业绩产生作用，但是作用和贡献肯定是不一样的，必然存在着"关键少数"人员对企业的贡献和价值要远远大于其他人员。这些"关键少数"任职关键岗位、负责关键领域、把控关键环节，是企业战略规划的推动者和执行者，是企业的1%因素，决定了超过一半的业绩，决定了企业的战略成败。

"关键少数"是谁？"核心圈"团队，企业的高管团队。我们可以从以下两个方面来理解。

一方面，高管团队的职业素质是偏高的。这一类人拥有丰富的职业经验和较为成熟的专业能力，对职责范围内的工作在认知上、处理方式上都有较多的积累、较高的水平，而且丰富的工作阅历也使他们拥有了不同于一般员工的眼光和思维，更使他们能够快速抓住工作中的关键，提出直击要害的解决办法。这些都意味着能够产生高绩效，不论是在业务上，还是在管理上。

另一方面，高管通常是某一项或若干项职能工作、事业的高层决策者，拥有在相关工作领域的人事权、管理权、处置权。这些权力也使高管可以调动企业的人力资源、资金资源，可以组织员工按照其制订的计划开展工作，实现预期目标。

"责、权、能"三者的结合，使高管团队起到了"关键少数决定多数"的作用。

俗话说：将帅无能，累死三军。企业老板"找对人"

的第一步就是用心打造"核心圈"团队，他们有能力、有素质，则企业发展有望；他们缺乏能力、素质不高，会让老板不断陷入处理各种问题的困境中，也让员工辛苦的付出付之东流。

2. "核心圈"团队由哪些岗位的人员组成

对于中小民营企业，"核心圈"团队一般由哪些岗位的人员组成呢？中恩教育结合中小民营企业的运作特点，认为企业一般需要配置以下六位核心人员。

CEO：首席执行官。主要职责是根据董事会对企业战略的决议，建立企业的组织管理体系，组织搭建企业的主要机制和制度，并通过组织管理、计划管理、绩效管理来落实企业的战略规划，实现企业的中长期战略目标和短期经营目标。同时，负责企业核心人才的培养和储备。

CFO：首席财务官。主要职责是建立企业的财务管理体系，统筹管理各单位的会计核算、账务管理、税务筹划、成本管控等工作，负责企业的预算管理、资金规划、投融资等，目的在于保证财务安全，降低财务风险，为企业发展提供资金支持等。

CHO：首席人力官。主要职责是建立企业的人力资源管理体系，组织开展人力资源规划、招聘与配置、培训与人才发展、薪酬激励、绩效管理、员工关系、企业文化落地等工作，目的在于为企业提供支撑发展的人才资源，提高现有人员的职业能力，提高人效，打造高绩效团队。

CMO：首席营销官。主要职责是建立企业的营销运作体系，负责制定营销策略，建立营销管理机制和制度，打造营销团队，组织开展市场调研、市场推广、渠道管理、品牌塑造等工作及多种销售活动，目的在于实现销售目标，获得客户认可和较高的市场占有率。

COO：首席运营官。主要职责是建立企业的运营管理体系，负责制定运营工作目标，打造运营管理团队，建立企业各职能领域的管理机制和制度，通过管理各职能负责人实现运营绩效目标、提升运营工作能力，为企业业务发展提供服务和支持。同时，协助CEO为企业培养人才和后备梯队。

CTO：首席技术官。主要职责是搭建企业的技术架构体系和技术管理机制、制度，统筹负责产品研发和迭代、工艺技术和设备技术改造升级，目的在于提高企业的技术水平和创新能力，通过技术能力为企业提供更有市场空间的产品，为企业运营提供技术支持。同时，负责培养技术人才以及团队建设。

总体来说，CEO是董事会下对企业绩效负责的最高领导者，协助董事会、董事长，组织CFO、CHO、CMO、COO、CTO共同来实现企业发展目标；而CFO、CHO、CMO、COO、CTO则分别在各自分管的工作领域内，按照战略目标要求，组织员工来实现各板块工作的绩效目标。

这六位核心人员组成"核心圈"团队，有分工、有合作、有统属，将影响企业业绩和长远发展的关键活动管理与运作起来，是实现企业战略目标的中流砥柱。

不过，对于更小规模的企业，或是创业初期的企业，不是必须配置这六位核心人员，设置 CEO、CMO、COO、CFO 四个岗位即可，或者类似职责的高级管理岗位。

3. 打造"核心圈"团队的意义

"核心圈"团队是决定企业增长绩效的关键少数因素。这一团队的正确配置，可以使企业有更好的发展前景，因为优秀的高级人才才可以带来更高的经营绩效和更大的市场份额，创造出一般员工和管理干部实现不了的业绩和贡献；可以让企业更加专业化，因为"核心圈"团队的成员必然具备较高水平的专业能力，而专业化才可以培育出核心竞争优势，才可以让企业在激烈的市场竞争中胜出。

同时，打造"核心圈"团队也使老板得到了解放。企业中的各项工作均由相应的领导者分管负责，老板需要做的是选好人才、用好人才、管好人才，可以从繁杂的事务中解脱出来，专门思考企业的"大事"，如战略规划、人才配置、干部团队打造、企业文化塑造等。企业的经营管理工作总体上分为两大类——战略规划和战略实施，当老板有了更多的时间和精力去专注地思考企业的战略工作和人才工作时，企业的战略取舍才有可能更科学、更客观，战略目标的达成才更有胜算。

选将必须高标准，严选、慎选

"兵熊熊一个，将熊熊一窝。"干部是企业组织能力的重要组成部分，决定组织的战斗力，决定战略能否被执行落地，是企业是否可以持续增长的关键因素。

为什么创业期的企业有较强的组织能力？因为老板有魄力，干部有奋斗精神。这一阶段的干部团队充满斗志、责任心强，以企业事业为个人奋斗的目标，能够忘我投入、身先士卒、带动团队。

为什么很多成熟期、稳定期的企业组织能力衰退、效率效益低下？主要就是因为干部不再胜任，干部在退化。时间能够铸就伟大，但时间也会催人"老"。这个"老"指在企业里没有激情，不能持续奋斗，占着位置、拿着票子、混着日子，不学习，无法超越自己。这是企业最大的危机。干部不学习、职业能力滞后、领导力不足，是企业转型升级、持续增长的最大障碍！

高标准才会有高增长，低标准、不胜任的干部只会让企业陷入恶性循环，人才跟不上，业务起不来。干部系统的恶性循环如图 5-3 所示。

1. 中层干部看品德，高层干部看使命感

干部的高标准是什么？中恩教育认为，不同层级组织成员的选拔、配置标准是不一样的,基层员工看业绩、看绩效,而中层干部品德是底线,高层干部看使命感。能力贯穿"高中基"三层,业绩是基础,层级越高,品德、使命感越重要(见图 5-4)。

图 5-3　干部系统的恶性循环

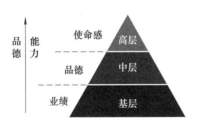

图 5-4　选将关键

基层员工　以高效完成本职工作为宗旨,企业对基层员工的主要要求是良好的职业能力和绩效结果。业绩是最合适的衡量标准,业绩好也意味着能力突出。基层员工使用原则是"赛马不相马",重视业绩,但是并不意味着品德一点儿都不看。

中层干部 是企业基层员工思想、行为模仿的标杆,把一个品德不好的人提拔上去,就是告诉大家品德不好也可以当干部。企业要看品德,不能唯才是举。王安石变法为什么会失败?刨除外患这一因素,一个重要的原因在于王安石选拔干部时过于重视干部的能力,忽略了干部的德行操守。因此,对于中层干部的选拔,品德是很重要的。但并不是不重视能力,能力是选拔的前提,品德是底线。

高层干部 是企业"核心圈"团队成员,是分管各项职能的决策者和领导者,是老板的"左膀右臂",是要以发展企业事业、实现企业持续增长为最高宗旨的。使命感是选拔高层干部的首要标准。使命感让大家志同道合,有共同的信念和追求,有了使命感的人才会全心全意为事业持续奋斗,才会忠诚于事业、忠诚于组织,才会对企业的战略做出贡献。缺乏使命感就会小富即安,追求享受,难以自我超越。

2. 中恩教育干部选拔"四有"标准

中恩教育从创业至今已经十年了,能够持续增长、在教育行业略有成绩,靠的就是干部持续奋斗和不断蜕变进步,而中恩教育的干部能够长期如此,正是在于我们严格遵循了"四有"选拔标准,如图 5-5 所示。

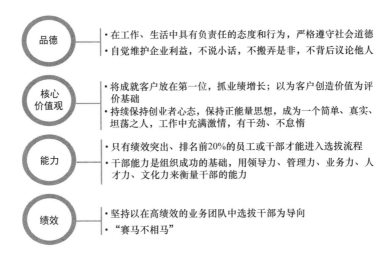

图 5-5　中恩教育干部选拔"四有"标准

（1）有品德。品德是中恩教育选拔干部的底线，品德不合格，品德低劣、损人利己，是要一票否决的，坚决不能提拔为干部。对品德标准的放松，就是在败坏团队、败坏企业文化、败坏组织的未来。

在中恩教育，"有品德"主要是要做到以下两点：

其一，做人要有品德。不做小人，不背后议论他人，不搬弄是非，不说有损企业的话，不做有损企业利益的事，要做个正直、正向、公正的人。

其二，对工作要有"责任感"。责任感首先要求一个人做好分内的事情，承担应该承担的任务，完成应该完成的使命。有责任感才会做好工作，只有履行责任才能让个人能力展现最大价值！有责任感的人做事不会"差不多"，而是尽善尽美，从细节入手，沉下心来，深耕细作。中恩教育干部的责任是什么？最基本的就是服务好客户，讲好课，出好业绩，带好团队，培育好人才。

（2）有核心价值观。核心价值观代表了企业全员的信念和信仰。

道不同不相为谋。优秀的企业首先是由一大批拥有共同信念的人组成的，这群人有共同的信念、共同的追求、共同的价值导向。信念可以让团队产生激情，有信念、有追求，做事就会奋不顾身，就会有付出精神，不会被短期利益所惑。这样的一群人才会形成凝聚力和持续的战斗力，这样的企业才算是拥有了可持续发展的基石。

中恩教育的干部需要有什么样的核心价值观？主要是以下两方面：

一是企业价值观，尤其是要有"客户第一"的价值理念。干部必须做到坚定信奉和践行"成就客户、成就伙伴、成就平台"的核心价值观，企业的绩效评价体系也要首先以"客户第一"为导向来设计。

二是"干部七要"标准，如"长期保持创业者心态""讲真话，实事求是""个人利益服从组织利益"等都是干部必须做到的。

信念到达不了的地方，行为一定到达不了；内心不渴望的东西，一定不会向你靠拢。因此，中恩教育选拔干部非常重视价值观，遴选有共同的信念和追求、与企业价值观一致的干部。

（3）有能力。干部既要有"看不见的素质"，也必须有"看得见的能力"。能力是责任担当的基石，是创造价值的前提，是取得绩效的关键成功要素。要想实现目标，干部必须有优秀的业务能力和管理能力。

在众多的能力中，能否被提拔为干部最重要的是看他的领导能力，看他有没有可能成为团队领导者。

领导能力可以从一个重要维度来看，即"御人的能力"。有领导者潜质的人能够激励他人，团结他人，带领团队实现目标。领导者不是个人英雄，他们制造英雄，通过帮助伙伴达成组织目标。

缺乏领导能力的人，很难成为一名优秀的管理干部，可以走专业路线，成为专家。

（4）有高绩效。绩效结果是能力的试金石，也是企业对人才最基本的要求。只有产出好的绩效，才有可能被选拔为干部，绩效结果是首要前提。

在中恩教育，干部选拔不以测评为主，主要依据绩效结果。

管理好干部是激活团队的关键

干部作为团队的管理者，有两方面的重要功用：一方面，干部是企业业绩目标达成的主导者，干部通过目标管理、计划管理、执行管理,组织员工实现企业的业绩目标;另一方面,干部是员工管理的责任主体,干部自身的能力和素质直接决定了员工的工作状态、人效水平和去留选择,是影响员工敬业度最为关键的因素。

据人力资源专业机构调查统计,导致员工离职的原因主要有四个,排在第一位的原因是职业发展机会,而排在第二位的即是员工的直接上级,直接上级对员工离职的责任要占60%以上!所谓"加入是因为公司,离开是因为上司"。干部不良的管理能力、工作作风和素质会给组织带来极大的伤害,会使优秀的人才遗憾离场。

我们看看干部都会有哪些不良素质:

- 情绪化,经常批评和斥责下属;
- 不懂得认可、肯定下属的成绩,甚至顶替下属业绩;
- 不愿意教导、培养下属,把下属当成实现自己绩效的"工具人";
- 内部管理不公平,做不到一视同仁,对个别人偏袒偏私;
- 个人行为不检点,不能以身作则;
……

干部的不良素质是降低组织活力的毒药,会让企业优秀的"基因"逐步流失。为了保证组织健康,保持组织的战斗力,必须对干部进行规范管理。

对干部的管理不仅要有正向的培训、文化熏陶,还要建立约束性的制度、规范。通过文化机制重塑干部的价值观和管理理念,明确"什么是对的,什么是不对的";通过培训机制提升干部管理员工、管理团队的实际能力,使干部致力于帮助员工提升人效水平;通过建立干部行为规范,依靠奖惩机制杜绝不良行为的发生。

管好了干部,干部有合乎规范的管理方式和优良的管理能力,会使员工感到舒心、愉悦和有成就感。这样,员工对企业的向心力、对工作的敬业度和自身的战斗力会明显提升。干部有能力,才可以得到员工的"心",心胜则兴。

CHAPTER 6

第 6 章

培训机制
赋能人才、打造人才流水线

莫让员工能力的不足成为制约企业发展的天花板。

——张致铭

人才是企业的第一生产力，是企业增长的战略资源。但请问：人才从何而来？

美国是现代商业文明最为发达的国家，世界前100强企业中有30%～50%来自美国。在这些企业发展历程中脱颖而出的杰出领军人物来自哪里？来自军队：二战后，美国战时陆军航空队的10位精英加盟福特公司，发起了以效率和管理控制为主题的管理变革，使福特公司再创辉煌，他们被称为"蓝血十杰"；来自顶级商学院：苹果、沃尔玛、强生、埃克森等公司的卓越CEO大多毕业于美国常青藤院校，如哈佛商学院、耶鲁大学管理学院、沃顿商学院、西北大学凯洛格商学院、哥伦比亚大学商学院等；还来自西点军校。军队、军校、商学院做了什么？做了培训，专业的、科学的培训。

中国市场经济起步较晚，但改革开放四十多年来也涌现出不少卓越人物，如张瑞敏、任正非、宁高宁、王石、王传福、李书福等，他们带领企业在各自的领域都创造出过商业奇迹！他们的经营管理能力从何而来？向历史学习、向伟人学习、向世界知名企业最佳实践学习！

古人云：人不学，不如物。训练有素，才能成为合格的士兵，才能上阵杀敌、斩获军功。学习、训练即培训。能力不会凭空而来，必须经过专门的培训才可以获得。

培训是企业增长的能力源泉

企业之间的竞争最终都要体现为能力的竞争,能力是实现企业发展的核心依靠。能力的载体主要是人才,获取人才是内部运营的第一工作。如何获取人才?一般有两种方法:外部招聘、内部培养。外部招聘关键在于"找对人",但需要认识到一个现实:外部的精英人才毕竟是少数,而且还需要面临能否融入、适应新环境和能否发挥能力的不确定性。在这种现实情况下,企业对内部员工的培训和培养就成了能力发展的主要工作。

培训是如何实现"获取人才"的目的的呢?培训有两大工作:赋能和复制。正是通过这两项工作任务,培训能够持续不断地为企业提供合适的人才资源和人力资本。培训是打造人才的生产工场,是企业增长的能力源泉。

培训通过输出人才为企业发展贡献价值。总体来说,培训机制有三方面的核心价值。

提升胜任力,实现当下业绩

这是"赋能"工作的主要任务之一,是培训最基本的功用。

实现当下的经营管理绩效是企业的根本任务,而在现实中却会有一系列的问题阻碍着这一目标的达成,如客户开发难、成交率低、转化率低、交付周期长、产品品质不过关、新员工不出单等。如"人才机制"中所述，这些问题产生的原因在于人才不到位，即岗位上配置的人员胜任力不达标。

如何解决这一问题？须知，外部招聘周期长，人才不容易及时到位，而且也不可能在短期内招聘较大数量的人员来替换现有能力欠缺的员工，唯有通过内部培训，对现有员工进行"赋能""改造"，才是当下最可行、最有效地解决问题的办法。培训可以做什么？通俗地说，胜任力方面"缺什么，补什么"。员工沟通能力不足，就针对沟通能力进行专项培训；价值观不当，就持续进行企业文化培训；没能掌握新的专业技术，就开展实操技能培训。有效的培训可以及时弥补当下员工胜任力的不足，将企业的能力短板快速补齐，保证业绩目标的实现。

几乎所有的企业都致力于通过培训快速提升员工的胜任力，让企业业绩迅速提升。但是，企业老板要明白一个至关重要的道理：唯有科学的培训机制才可以解决胜任力不足的问题，才会对企业业绩产生实质性作用。

培养储备人才，支持战略发展

提高胜任力，是为了达成企业当下的、短期的经营目标。那么，对于企业的长远发展呢？

企业经营是长周期的活动，是立足当下、着眼未来的经营活动。"人无远虑，必有近忧"，为了保证企业的长期生存和发展，企业必须前瞻性地对未来进行战略规划，并按照时间维度分别制定短期、中长期、长期战略目标，通过阶段性的成功来实现企业的持续发展。战略目标的实现需要配置相应的能力和资源，人才是企业增长的第一战略资源，对其的配置尤为关键。

如何实现所需的人才配置？实现短期目标所需的人才配置可以通过培训、提升胜任力来保障，而要实现中长期及长期目标则需要对人才进行提前储备，要根据战略目标的要求，对未来所需要的人才提前进行培养，使人才在未正式担任新的岗位前初步具备新岗位的胜任力。

在管理实践中，对员工当下不足的能力进行培训是普遍行为，但却很少有企业提前培养储备人才。这是企业的短视行为，只关注当下所需，对实现未来目标所需要的能力不够重视，主观地认为"到时候自有办法解决"，甚至认为"现在花钱为未来储备人才不值当，是大企业要做的事情"。殊不知，未雨不绸缪，不仅会打乱企业制定的战略规划，还会使企业陷入被动甚至是困境。

中恩教育在为企业提供咨询服务的过程中，时不时会发现这样的现象：老板的战略思维很不错，能够看到未来的市场机会，但就是不对内部员工进行提前培养，只是一味地要求员工干好工作、干出业绩，而把人才的希望寄托在未来能够招到优秀的外部能人上。但是，当市场机会来临的时候，却发现外部人才难以招到，即使招到了，企业内部的员工能力普遍跟不上，人才发生了断档。而此时的企业坐困愁城，老板一脸忧愁却无可奈何，只能眼巴巴看着竞争对手捷足先登，自己白白丢失了市场机会！

兵法云：兵马未动，粮草先行。人才就是企业的"粮草"，人才先行，战略行动才可以做到，战略目标才有可能实现。莫临渴才掘井、临阵才磨枪。

批量复制人才，支撑企业扩张

企业持续增长对人才的要求，一方面在于员工职业能力的提升，另一方面在于人才的数量要能够保障企业扩张的规模，当企业开设若干家新的子公司、分公司或直营连锁门店时，要有足够数量的员工来保证新单位的正常运转和业绩实现。

如何获取足够数量的人才？一般岗位的员工可以通过招聘的方式获取，而重点岗位的人员，尤其是管理类人员，合理而高效的做法是内部培养，通过"批量复制"快速获取足够数量的人才。为什么是"批量复制"？因为企业成立的新公司、新门店等，往往是对同一业务在不同省份、不同城市的复制扩张，这些新机构的运营模式、管理机制和制度基本上是一样的，所需人才的类别、能力素质也基本一样。因此，对他们的规模化培养，显著特点就是"批量复制"。

人才复制的速度和成效，直接决定了企业的扩张速度、规模和成败。

顺驰地产公司（以下简称"顺驰"）由孙宏斌在1994年创立，2004年，销售收入超过百亿，成为当年度中国内地房地产行业的销售冠军，孙宏斌更是公开声称"将在三年内赶超万科，成为行业第一"！然而，自2005年起，顺驰不断爆出经营危机，2006年被香港路劲基建公司以12.8亿元的价格收购了55%的股权！

"其兴也勃焉，其亡也忽焉。"2005～2006年，顺驰出了什么问题？资金紧张、楼盘质量极差、信誉欺诈等影响房地产企业存亡的重大问题。资金紧张源于快速扩张，同时开盘过多数量的项目；楼盘质量问题，如2004年2月，天津太阳城业主集体维权，控诉"太阳城就是'纸糊的'"：墙体出现大量裂缝、偷换装修材料、单方面改变设计规划；还有楼盘出现小区实景与沙盘有明显差别、逢雨便漏、暖气不暖、延期交房等问题。质量和信誉问题对顺驰的品牌造成了极大的伤害，进一步加剧了经营危机！

为什么顺驰会发生如此多的致命问题？曾有人对此给出原因："因为他违背规律，资金链是个问题，但关键的问题还是人，一下子招那么多人，几十个、上百个地培养，没有经过总部文化的熏陶，拉出去就给很大的权力。企业的失败，最终还是人的问题，这才是核心所在。"我们看看顺驰是怎么用人的。2004年，因为数量众多的项目同时开盘，顺驰快速从外部劳动力市场上招聘大量新人，员工在短时间内由几百人发展到8000人。作为企业中坚力量的管理层以年轻人居多，20多岁就当上集团副总裁、总裁助理、分公司总经理、副总经理的比比皆是，公司员工平均年龄只有二十六七岁。孙宏斌看中了年轻人的闯劲和激情，但是却没有或者说没来得及对这些经验和能力素质缺乏的年轻人进行深度的、专业的培训。结果导致了什么？大量的腐败、严重的质量不合格、资金黑洞！有些管理者假公济私将工程包给了自己的私人公司，为赶进度7天就敢盖一层楼，有些项目甚至出现了销售价格低于成本的情况，内部成本核算缺乏监管，不少项目经理在项目成本核算前辞职等，触目惊心！

顺驰没有有效的人才复制，输送给各个项目的管理者远不能胜任项目管理的职责，更是缺乏必备的管理素养，反而使部分员工成了危害公司的毒素，甚为可惜！反观行业标杆万科，与顺驰激进的风格不同，万科一直奉行"稳健发展"路线。为了实现有效的人才复制，公司长期致力于构建成熟的管理机制，大手笔开展人才培养活动。万科启动了千亿计划，耗资亿元选派千名员工赴日研修。万科对人才复制工作的重视和投入，配合成熟的管理体系，使万科的项目长期以来一直能以健康的方式正常运转，保证了楼盘质量和回款，也强化了企业品牌！与顺驰相比，高下立判。

人才复制决定企业的发展规模和市场地位，唯有提前去做并且科学地去做，才会产出足够数量的、胜任力达标的人才，企业才有可能实现高业绩、高增长。中恩教育为什么能够依靠自己用短短五年时间成立 11 家直营分公司，成为中国管理教育行业的一匹黑马？因为中恩教育在成立之初就意识到人才储备、人才复制的重要性，及时建立了完善的人才梯队和人才复制体系，并持之以恒地去做，因而培养了一批批优秀的管理者、骨干，从而做到了"成立一家，成功一家"。

培训机制是什么

培训的"赋能""复制"可以实现员工能力的提升、保证员工数量的供给，源源不断地为企业提供人才这一生产力要素，是企业增长的能力源泉。但令人遗憾的是，仍然有不少企业错误地看待培训，错误地开展培训工作。

企业培训的"三大误区"

1. 不培训

有些企业不对内部员工进行培训，对提升现有员工的岗位胜任力不重视，当企业需要人才时，只想通过外部招聘来获得。但实际上，这是一种非常主观的行为，企业老板错误地判断了劳动力市场形势,也过于想当然地高估了外来人才的作用。

"不培训"的老板一般会认为,劳动力市场人才很多,当需要的时候很容易招到。实际上并非如此。人才确实很多,但却存在着三个影响企业招聘效率的客观情况:其一,人才争夺激烈。受到国家政策的驱动,近年来,企业数量呈井喷式增加。数量众多的企业对人才的争夺加大了招聘的难度。其二,适合的人才并不多。虽然人才数量多,但是适合企业、适合岗位的人才并不多,"大量的人员找不到工作,大量的企业招不到人"是现实,劳动力市场上并没有太多"招来即可用"的人才。尤其是近年来兴起了很多新行业,这些行业所需要的新技术人才、运营人才很难从外部市场上获取。其三,中小企业并没有明显的吸引外部人才的优势。外部优秀人才对企业的发展前途、所任职岗位的级别、薪酬水平的要求都是偏高的,中小民营企业很难拿出诱人的筹码。

企业总想着靠外部人才发展企业也是不理智的。一方面,外部人才不一定适合。即使招来的人员有着丰富的工作经验、较高的职业能力和突出的历史业绩,但这些经验、能力是否能够与新行业、新公司、新岗位相契合,人才的价值观、品性是否能够与新单位的企业文化相融合,其实也都存在着不小的不确定性。"历史不代表未来","空降兵"们动辄失败、在一两年时间内就离职的现象比比皆是。

人才走了，给企业留下了疮痍！另一方面，"伪人才"现象还是不少的。光鲜的履历、能说会道的口才等，都可能会影响老板的用人决策，但这显然只会给企业带来伤害。

"找对人"是人才工作的第一步，但对于企业内部的员工，培训是不可或缺的，仅仅指望通过招聘来获得能力是不成熟的做法。内生组织、内生人才是企业的"顶梁柱"和"地基"，企业必须通过培训机制来提升内生组织的能力。

2. 不投入

相比"不培训"，"不投入"是更为常见的错误行为。与不愿意投入时间、资金资源获取人才一样，很多企业老板也不愿意投入资源来做培训。

"不投入"的典型表现有哪些？

（1）不投入时间。试着做个总结反思：你的企业每年、每季度、每月用于员工培训的时间有多少？为了不影响工作，很多企业很少开展培训活动。它们可能一个月就做一次或两次培训，或者利用晚上时间偶尔做次培训，或者利用周末半天或一天的时间做培训。工作是重要的，但这并不意味着在工作日里一点时间都抽不出来去做员工培训。客观地说，不投入时间，本质原因在于对培训不重视，对能力发展不重视，企业决策者的用人理念依然是传统的"工作思维、干活思维"，是"重短期业绩"的思维。

（2）不投入金钱。"降成本，先砍培训预算"，这是培训工作又一个很常见的现象。不少企业不愿意花较多的钱聘请名师，不愿意投入太多的预算做持续、长久的培训，更不愿意投入重金派遣员工去外部深造。它们倾向于选择价格不高的老师，使用企业内部培训场地，偶尔做一次或两次外部学习，严格控制培训的预算与费用。为什么会这样？与"不投入时间"一样，根本原因还是对培训不重视，把员工培训当成虽然必要但并不重要也不紧急的工作。这类企业只关注短期经营绩效，关注当期工作任务的执行结果，做培训也只是对员工当下的能力短板修修补补，不愿意投入重金对员工能力进行实质性的提升拔高。

不投入时间、金钱有什么后果呢？最直接的结果就是劳而无功、毫无实效，"员工还是老样子"，能力素质未见提升！

3. 不会培训

这是企业培训工作中最大的问题，也是最痛的痛点，是导致培训工作失效的根本原因。

中恩教育通过分析研究中小民营企业的培训工作和培训效果，总结出了一系列典型错误做法，涉及培训需求判定、老师选择、培训方式、落地追踪等多个方面。我们来看一些常见的错误行为。

（1）培训需求判定：不做调研或只通过调查表来确定

培训需求。不做调研，未对经营目标进行正确的分解，不对各部门能力提升需求进行实际的了解，就主观地提出了培训主题；只是发放培训需求调查表，根据员工的填表信息来确定培训需求。这两种做法都是不正确的。不做调研、主观判断，很可能导致培训主题并非经营管理实际所需要的，而真正需要补足的能力短板被忽略；调查表的语言信息是粗泛的，调查表并不能准确、具体地反映真正需要提升的能力到底是什么，而且只考虑了员工需求，忽略了企业对能力发展的需要，更为危险。

（2）老师选择：过于看重外部老师或不对内部讲师做培训。认为内部员工能力层次偏低，都不足以胜任老师，过于看重外部专家；或选择绩效优秀的员工做内训师，却不对内训师进行"如何做培训"的专门训练，内训师直接上岗工作。过于看重外部老师，固然可以获得较高水平的能力认知，但往往落地性差、持续性差，而且老师"传道、解惑"多，"授业"少，"课上激动，课后一动不动"是这类培训的常见结果；不对内训师进行培训，内训师就很难掌握科学的培训技能，他们很可能很认真地"讲"，但受训员工学习感受较差。

（3）培训方式：过于偏重课堂讲授的方式。培训方式丰富多样，但多数企业通常只采用少数几种，其中，课堂讲授的方式最为普遍。这种方式的优点很突出：可以在短时间内集中对大量人员进行培训，时效性强，活动开展相对容易。但这种方式的不足之处也很明显：比较适合思想、理念和知识类培训，实操性偏弱，培训效果差于以训练为主要特色的其他培训方式。

（4）落地追踪：不做落地追踪或只是简单地考试、评价。培训是系统化工作，不仅要做好培训本身，还要重视训后的落地转化，这样，员工的能力才有可能真正提升。但客观上，多数企业并不做落地追踪，把落地转化的工作寄托在员工的自觉性上，这是"懒政"的表现。与不做训后跟踪相比，对培训结果做满意度调查、对学习效果做笔试考试，是管理上的进步，但是不能仅是纸上评估，要把更多的工夫用在产出实际效果上。

"不会培训"是培训工作的"致命伤"，使培训的价值难以显现，甚至使培训成了企业众多工作中的"花架子"！这是人才管理的重大败笔！

错误培训让"人才"变成了"成本"

"不培训、不投入、不会培训"是对企业人力资源的极大浪费，会让员工成为制约企业发展的天花板。

在企业的所有生产要素中，人力资源最具创造性和增值潜力，人力资源可以通过不间断的学习获得持续性能力提升，可以实现从低绩效到高绩效的转变。这是人力资源的独有特点。企业老板不愿意或不会培训，只是在使用人力资源当下的能力，既没有对当下的能力提升拔高，也没有根据未来发展需求提前培养能力，实际上就是在浪费员工的潜力，浪费企业的战略资源。

这种浪费造成了企业的低绩效水平，更为严重的是，给企业自身带来了制约。为什么很多企业在诉苦"企业没人才，员工能力跟不上"？有了新的市场机遇，却发现没人可以承担重任；业务快速发展，但是企业自身不断地出现各种管理问题拖后腿；老板勾画出战略蓝图，但发现中高层根本领会不了……企业已经发展到了下一个阶段，但员工的思想意识、能力水平还停留在之前的阶段，组织能力反而成了业务发展的最大瓶颈！

错误的、不当的培训行为是直接原因。不重视培训、不会培训使本应该成为"人才"的员工成了"成本"！

培训机制：正确的培训才有效

正确的培训是怎样的？正确的做法是以机制的形式开展，即建立和运行培训机制。

培训机制是在企业内部建立的一套培训运行和管理体系。这一体系要对全员或特定员工群体按照规范化、专业化的流程开展赋能和配套的管理工作，使员工提高职业能力，从而提升企业业绩和实现持续增长。

与企业一般常做的培训工作相比较，培训机制有其显著特点，即系统化、流程化、标准化。培训机制不是单单举办些培训活动，或者请老师讲讲课，而是根据培训目的开展一系列工作，包含主题确定、老师选择、培训方式选择、活动组织、落地追踪等，这些工作会进一步分解为多项关键行为，所有关键行为都需要按照既定的、规范的流程步骤进行，且每个步骤都有明确的工作标准。各项关键行为按照流程、标准的规定一步步推进，工作环节之间相互支持、配合，使培训工作形成完整的闭环体系，发挥出系统整体的作用。

简单地开展一场培训活动是错误的和低效的。只有系统化、流程化、标准化的培训机制才可以使培训工作做到科学、专业，才能够为员工赋能种下"正确的种子"，从而收获"正确的果实"。

建立科学的培训机制，实现有效赋能

培训机制是一个体系，由多模块的内容、工作组成，其核心组成有三部分：培训系统、培训内容、培训流程。这三部分基本上构成了一个完整的培训机制。

培训系统：要对不同对象做精准培训

一切培训活动都始于培训对象，即"对谁做培训"。

培训系统指的是根据不同类别的员工分别设计培训内容，而且对各类员工的培训要形成相辅相成的系统整体。

1. 对象不同，培训内容不同

我们知道，企业员工多种多样，按照入司年限可以划分为新员工、老员工，按照岗位类别可以划分为管理类、销售类、技能类员工等，按照职务层级可以划分为高层、中层、基层。不同类别员工的工作职责和绩效目标所要求的能力素质不一样，因此，对其开展的培训自然也要分别设计。

以管理类员工的培训为例。对不同级别的管理者做培训，业内最有代表性的是阿里巴巴的"三板斧"模型。这一模型认为，高层管理者、中层管理者、基层管理者的职责和定位不一样，因此需要进行不同的培训。

（1）高层管理者"三板斧"。

- 定战略：能够根据内外部环境制定出有长远发展前景的战略规划，能够制定合理的战略目标；能够保持持续的战略定力和韧性，同时又不失灵活性。
- 造土壤：能够打造良性健康的、正向积极的组织和文化氛围，使企业员工愿意、乐于工作和奉献。
- 断事用人：既能够正确地做事，又能够做正确的事；要做到"知人善用、用人所长"，还要做到会培养人才、激励人才。

（2）中层管理者"三板斧"。

- 懂战略：能够理解企业战略的内容、真实意图和背后的逻辑与原因；在理解企业战略的基础上能够坚定地执行战略。
- 搭班子：要有正确的价值观和良好的沟通能力保证信息准确无误地上下传递；同时，要有资源协调、整合的能力，以便开展跨部门沟通与协作。
- 做导演：树立"客户导向"的意识，"客户"不仅指外部客户，还包括组织内部的上级、平级、下级同事，要为客户创造出有价值的产品或服务。

（3）基层管理者"三板斧"。

- 招聘与解雇：掌握面试选拔的能力，能够识别出合适的人，并对即将进入企业的员工负责；同时，要有解雇不合格员工的手腕，保证组织健康。
- 建团队：要会在用人的过程中培养人，在培养人的过程中用人；同时，要有团队管理的能力，能把众人凝聚成紧密协作的组织；还要有团队责任意识，"荣誉归团队，责任归自己"。
- 拿结果：要有"结果导向"的意识，重视员工的实际工作结果和绩效提升；同时，要会过程管控，结果和过程管理兼重。

中恩教育是如何做的?我们成立了内部商学院,将全员划分为四个系统,有针对性地设计了包含"新兵训练营""精兵连""战将营""将相赢"等的"一揽子"培训项目,从业务、管理、文化、素质等多个维度全面赋能、深度提升,如图6-1所示。

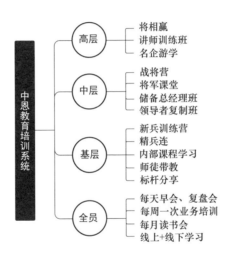

图6-1　中恩教育培训系统

2. 培训系统化

对员工分门别类培训,这是"分"的工作。分之后,还要做到"合"。

对员工分别培训,可以提升胜任力和专业能力,但只有将每一类员工的能力整合起来,才会有企业整体的组织能力。高层管理者和基层管理者胜任,但中层管理者不胜任，会如何？企业的战略和重大决策会执行不到位，优秀员工会离开企业，组织氛围会变得糟糕；管理层胜任，业务人员不胜任，意味着管理能力强，但是企业没业绩；业务人员胜任，管理层不胜任，意味着企业有业绩，但业绩肯定不稳定，未来的业绩也很难保证，企业发展是不稳定的。

那么，如何做到培训系统化？答案是：全员系统化培训。对包含老板在内的、各类及各级员工都要做培训，根据各个岗位的胜任力标准和能力发展要求做全面、综合化的系统培训。老板要学习，销售类、技术类、运营类、后勤服务类员工以及高中基层管理者全部都要进行培训提升，这样，组织的整体能力才会真正得到提升。

培训内容：要有才，还要有心

培训内容回答的是对培训对象"培训什么"，一般是达成业绩目标、履行岗位职责以及实现战略目标所需要的能力素质。培训内容是培训机制的中心，内容选择得合适与否直接决定培训效果。

能力素质包含的具体内容较多，"看得见的能力""看不见的素质"都是能力素质的具体内容，因为它们都会影响员工的工作绩效，但需要明白，并不是所有的"外在的、内在的"能力素质都需要通过培训机制来改变、提升。中恩教育根据我国中小民营企业经营管理特点，从全面性和实用性出发，主张从三个维度对员工进行赋能培训：胜任力、态度、信念。

1. 胜任力

如前文所述,胜任力指的是能够正常履行岗位职责、完成工作任务、实现岗位绩效目标的能力素质,包含知识、技能、价值观等。企业中开展的培训通常就是胜任力培训。胜任力培训的重点内容是知识、技能和价值观三个方面。

我们以销售经理岗位为例对胜任力培训做说明。

(1)知识。知识是能力的基础,但知识并不是能力的主要表现方式。知识包含的方面较广,对于一个合格的销售经理,他需要掌握企业通识知识、产品知识和部分行业知识。企业通识知识涉及企业的发展历程、企业文化、主营业务、组织架构、管理机制与制度等;产品知识涉及企业产品的系列、型号、规格参数、功能、价值、价格等;行业知识涉及行业的商业模式、盈利模式、目标客户特点、用户需求特点、竞争对手情况等。掌握企业通识知识既可以增强对企业的认可,也可以向客户介绍企业的情况;掌握产品知识,是为了更准确地向客户表达产品的优势;掌握行业知识,有助于了解市场竞争形势和用户需求痛点,方便制定销售策略。

(2)技能。技能指的是运用知识达成预期目标的能力,是能力的主要组成部分。技能既包含操作层面的技术,也包含人的基本能力素质,前者如图纸设计的技术,后者如逻辑思维、结构化思维的能力。就销售经理岗位而言，所需要的技能包括但不限于话术技能、合乎流程规范的销售行为以及表达能力、沟通能力、影响力等。掌握操作技能，可以熟练地按照成交流程、运用有效的话术向客户传递产品的价值和吸引力，但若想提高成交率，则需要拥有更为基本的表达能力、影响力等，因为基本的、底层的能力素质能够反映规则、规律，决定了应用能力的成效。

（3）价值观。价值观是保证员工"正确地做事"的一系列思想理念规范。价值观在思想层面对员工提出要求，通过思想理念约束、规范员工做出企业想让他做出的行为，进而实现预期目标"。价值观是员工正确履行职责、达成业绩目标的必要素质之一。对销售经理而言，需要什么样的价值观呢？需要建立"客户第一""服务导向""诚实敬业"等价值观，这些价值观理念会让销售经理发自内心、真诚地去服务客户，为客户提供对其有帮助的产品、服务，让销售人员把工作当成一份神圣的事业，而不只是赚钱的工具而已。当掌握了实现业绩目标所需要的知识、技能，同时还具备了正确的价值观，销售经理就会实现"心力"与"脑力"的结合，会爆发出强大的工作能量。如果缺乏正确的价值观，即使销售经理拥有良好的销售技能，也很可能会因为价值导向的错误导致客户不满意、不认可，甚至可能会因为自我利益驱使犯下大错。

2. 态度

态度指的是员工做事情的心态和精神，即员工抱着什么心态、以什么精神状态开展工作。胜任力可以让员工做出合格的绩效，但却不能保证优秀的绩效。优秀的绩效需要什么？需要优秀的心态和投入精神，"用心才能优秀，用力只是合格"。"用心"的"心"指的就是态度。为什么很多老板在选人用人时会把"态度"放在第一位，而把"能力"放在第二位？就是这个道理。能力基本上是可以学习而得的，而态度才是真正的决定因素。

为了实现高绩效，都需要培养什么良好的态度？我们以销售岗为例，优秀的销售人员最需要的态度是什么？正向积极的心态。

拥有正向积极的心态，意味着在任何时候、任何情况下，尤其是在遭受挫折、打击、失败时，依然能够坚信未来是美好的、付出是会有回报的，能够始终以积极向上的心态、充满斗志的精神状态向前推动工作，而且不怨天尤人、消极退缩。

心态决定结果。负面、消极的心态会使销售人员在面对困难时畏缩不前、生出抱怨，甚至散布对企业有害的信息，影响团队氛围，这样的心态对个人、对企业都是毫无价值的；与之相反，正向积极的心态会激发销售人员内在的能量和激情，会促使他们迎难而上、主动思考解决难题的办法、坚持不懈朝出单努力，这样的心态对企业、对个人都极具建设性的价值。

众所周知，销售岗是最容易遭受挫折的岗位之一，即使是销售冠军，也会时常受到不良心态和心理的影响，正向积极的心态培训尤为需要，也非常重要。中恩教育销售经理岗位"人才画像"有"一心三好三性"的规定，"三性"指的是"韧性、悟性、胆性"，其中，"韧性"就是正向积极的态度，面对困难不退缩、不逃避，坚韧不拔向前进，坚定信心拿结果。

3. 信念

信念是对他人、企业或事情坚定不移地相信、信任、信赖的思想意识。信念是"坚定"地"相信"，精髓在于"坚定"。很多企业对员工培训胜任力和态度，但很少培训信念。中恩教育为什么主张培训"信念"？换句话说，信念对于员工、对于企业来说，有什么重要价值？

简明地说，信念的价值在于"收心、收人"。人的根本是"心"，是"心的所在"。通俗来讲，"心的所在"就是人的心灵归属和去向。"心的所在"能够让一个人"安身立命"，形成一个人存在于世上的"根据地"，当心灵有了归属、可以"安身立命"，一个人才会心无旁骛地将自己内在的素质、外在的能力全部调动出来投入到组织或事业中。那么，如何让人"心有所在"、心无旁骛呢？就是让他们发自内心地、坚定不移地相信和信任，这种坚定的信念意味着一个人把自己交给了组织、事业，心灵归属组织，人和组织形成了命运共同体。

只培训胜任力和态度，获得的是人的"脑子"和"精神"，是收不到"心"、收不到"人"的，会有什么后果吗？最明显的后果是中高层骨干、优秀员工跟企业之间存在着疏离，人才并没有把自己完全交给企业，对工作投入度不高，而且存在着较高的离职风险，当企业遇到困境或外部有更大的诱惑时，人才很可能会离开企业。

信念很重要。企业需要让员工对什么有信念？最根本的是对领导者、对企业的未来、对企业的文化、对产品、对组织、对自己有信念。

- 对领导者有信念。坚定地相信领导者的能力、初衷和价值理念，相信领导者有能力把企业做好、能让员工获得不错的物质和精神回馈。
- 对企业的未来有信念。坚定地相信行业有光明的前景和广阔的发展空间，相信企业的战略是科学的、发展路径是正确的，要坚定不移地按照既定规划执行。
- 对企业的文化有信念。坚定地相信企业的使命、愿景是可以实现的、是必须实现的，相信企业的价值观是导向正确的，要"入脑""入心"。

- 对产品有信念。坚定地相信企业的产品是能够满足客户需要的,是有充分的价值的,是有市场竞争力的,而且要能把这种相信传递给客户,能够让客户感受到企业人员对产品的信念。
- 对组织有信念。坚定地信赖企业、信赖组织,对组织有认同感、信任感、归属感,愿意为组织做出必要的个人让步或者接受个人利益减损。
- 对自己有信念。坚定地相信自己是适合企业的,是能够胜任岗位、在岗位上做出高绩效的,对自己在企业未来的发展积极乐观、充满信心。

企业要通过各种形式的培训活动,让员工,尤其是骨干员工对企业形成信念。信念到了,人才才算是真正把自己"交给"了企业,才有可能真正地"交出自己"。

培训流程:有效性来源于科学的实施过程

培训流程回答的是"怎么做培训",是实施培训的步骤和标准做法。

培训流程是操作层面的要求和规定,但是重要性不亚于培训系统和培训内容,因为培训流程的合理性直接决定了培训有无效果、效果大小。前文提到,很多企业不会培训,在培训需求判定、老师选择、培训方式、落地追踪方面都不尽合理和科学,这些都是培训流程出了问题。

合理有效的培训流程是什么样的？中恩教育认为，培训是复杂和精细的工作，涉及的流程和要素实际上有很多，但最基本的步骤有六个。除了"现场培训"这一步骤，我们对其他五个关键步骤和标准做法加以说明。

1. 做调研

在明确了培训对象后，第一项工作就是确定"培训内容"。要想了解对特定的培训对象培训什么才是合适的，需要做调研，通过调查、研究获取信息，来判定具体的培训内容。这一步骤需要注意以下两点。

（1）每次培训都要做调研。培训不是因为老板想要做某种培训，或员工想要学习什么知识，而是为了解决当下企业存在的问题，提升业绩目标和工作绩效。影响问题解决、目标达成的关键能力素质是什么？这不是主观判断可以得出的，必须经过专门的调研、分析才可以正确地判定，"主观主义""经验主义""本本主义"都是被实践证明了的错误做法。调研出来需要培养什么能力素质，再对该项能力素质进行培训。

（2）调研要深入、具体。做培训需求的调研切忌流于表面。能力是非常精微的，如果调研流于表面，那么最多判断出大概是什么能力素质的不足造成了问题、阻碍了业绩目标的达成，对于这一能力素质到底是什么样的、到底是在哪个环节出现了短板、短板的具体表现是什么，企业是不清楚的,这就意味着只能做粗泛的培训,培训的效果必然是较差的。要想提升培训的实际效果,必须做到"对症下药",对能力素质的不足之处深入挖掘、深入分析,还要综合多方面进行分析判断,而非只关注某一类人群的诉求。

2. 定课题

调研之后,就要根据调研的发现确定需要培训哪一项或哪些能力素质,即定课题。这一步骤需要注意以下两点。

(1)课题要精准。通过深入、具体的调研,根据发现的造成问题、影响目标达成的具体能力短板确定培训课题,比如对销售人员成单率低进行能力素质方面的调研分析,发现是团队经理采取了不合理的奖罚政策导致销售人员缺乏开发新客户的积极性,那么针对团队经理的培训课题就可以定下了,即"如何科学地激励团队成员",而不要粗泛地将"提高销售人员积极性""提高团队经理的管理能力"定为培训课题。

(2)课题要主题化。主题化指的是每次培训都要有明确的、尽可能少的培训课题,培训内容要少而专,要在短时间内集中精力做专项培训。培训切忌多而杂,在短时间内对员工的多项能力素质同时进行培训、提升是困难的,效果也常常是不如人意的,因为短时间内员工难以高效地消化新的知识、思维和理念。通过调研可能会发现需要培训提升的能力素质有很多项,但不要同时进行培训,可以制订培训计划,安排不同批次的培训活动,每一期活动重点做一个主题的培训,力求提升培训的专业性和效率。

3. 定教练

教练即老师,什么样的人适合做教练?这一步骤需要注意以下三点。

(1)绩效长期优秀者可以做教练。能成为教练的,必然在某一领域是专家。什么样的人是真正的专家?那些在某一领域长期、持续有优秀绩效的人。教练就是标杆,标杆就是标准,有长期的好结果的就是标准。需要注意的是,短期有好的绩效,或者绩效时好时不好的员工不应该成为教练,因为短期以及不稳定的好绩效可能来源于其他因素,而不是个人能力。

以绩效结果为导向确定教练,也就意味着教练的选择不受职务等级、资历深浅、年龄大小的限制,"凡是能者,皆可为师"。

(2)需要对教练做专门培训。教练的职责是把专业的和正确的理念、技能、做法教给学员,教会学员,因此需要具备两方面的能力:一方面是培训课题所涉及的能力素质,另一方面是做培训、做老师的能力。客观上,大多数绩效优秀者都不掌握培训的能力,企业需要专门对该类人员做这方面的专项培训,否则培训效果会很差,白白浪费了优秀的内部资源。有些企业建立了内训师制度，对内部教练进行培训，就是为了提升内部教练的培训能力。

对教练的培训，尤为重要的是培训方式的培训。培训方式是指将知识、能力有效传授给学员的方法，这是培训能力的关键。

（3）需要对教练做激励和管理。绩效优秀者做教练通常是兼职行为，而为了达到培训效果，兼职往往是长期的、持续的，因此，有必要设计兼职教练的激励机制，对他们的辛苦付出和培训效果予以及时奖励。同时，还要适度对教练做管理，督促他们优化培训方式、培训文件等。培训方式、培训文件是影响培训效果的关键因素，兼职教练不可不认真对其进行调整、优化、升级。

4. 考试与评价

培训活动结束后，人才培训才真正开始。培训活动结束就不再做任何管理动作，是无效的培训，只是授课行为，而非培训行为。

培训活动结束后，紧接着需要做以下两个标准动作。

（1）安排学员考试。通过考试检查学员的学习成果：知识掌握了多少？技能是否理解透了？思想意识是否有所变化？提升员工的能力素质是培训的重要目的，培训结束后通过考试可以了解员工的能力素质是否改变以及改变程度，不考试等于放弃了对培训结果的关注。安排考试，才可以查漏补缺，知道学习、提升了什么，提升了多少，下一步该做什么。

（2）对教练做评价。除了安排学员考试，还需要对教练做评价，目的是评估教练的培训能力：有哪些优点？有哪些不足？哪些是无效的行为？哪些是需要再提升的？教练的培训能力是影响学习效果的关键因素，因此需要对教练进行专项评价，道理与对学员进行考试一样，也是为了查漏补缺，以便下一步开展专项培训提升教练的能力，帮助提升培训效果。

对教练的评价，可以由学员和企业培训管理者共同来做。

5. 落地跟踪

组织培训活动是相对容易的，真正地掌握能力、提高素质是较难的。做调研、定课题、定教练、现场培训、考试与评价，这五个步骤合理、合规地执行可以让员工在培训当期掌握知识、提升能力。但是企业肯定是期望获得长期的结果，肯定是希望员工能够真正提高能力，能够长期稳定地表现出高能力素质、做出高绩效。

如何实现这一目的？靠落地跟踪。在员工培训结束、考试通过后，需要在较长的时间段内持续对其进行跟踪、观察，定期评价学员对能力的掌握程度，判断该员工是否切实掌握了、是否能够熟练操作，是否因为不训练、不操作又丧失了部分能力，并根据长周期内员工对能力掌握的变化情况再制订相应的培训计划，尤其是对未能真正掌握的能力进行再培训，目的只有一个：需要提升的能力素质一定要真正提升。

在落地跟踪这一步骤，企业的培训管理者和学员所在部门的管理者要做好分工。培训管理者是管理角色、培训活动组织者角色，负责组织对学员进行再评价、再培训；学员的直接管理者是跟踪和观察的角色，也是再评价的重要参与者，需要在培训管理者的组织管理下执行培训工作任务。

上述步骤是培训流程的基本程序，按照上述步骤组织培训活动可以保证人才培训的有效性。当然，人才培训是精益求精的活动，每个步骤做得越深入、越精细、越透彻，员工能力素质提升的效果就会越好。

打造人才复制流水线，保障人才持续供给

赋能是企业人才工作的基本目的，更高层级的目的在于人才的持续供给，即为企业的市场规模扩张提供足够数量的人才。这就是人才复制的内涵。

把能力建在组织上

人才如何复制？人才复制不是单纯的员工培训、人才

储备，不能仅仅靠培训机制，培训机制只是人才复制的基础组成部分。

在回答这一问题之前，我们需要认识到企业对人才复制的效率要求。人才复制的成果直接决定企业发展的成败，但是复制的效率，或者速度快慢也是起决定作用的关键因素。人才复制跟不上企业扩张的步伐，当需要成立新的分子公司、直营门店，人才数量却不能跟上，这是企业规模增长的最大遗憾。人才复制慢意味着落后，落后就意味着失去未来。人才复制需要以"快"的节奏来实施，而且需要"更快"，因为成功复制人才不是短期就能见到成效的，唯有做到"快培养"，才能对企业的增长与发展起到有效支撑。

人才如何快速高效复制？先看传统上是如何做的。传统的做法是"老师一带多""师徒带教"，即为多个徒弟配置一个有能力、高绩效的老师，让老师在工作中、生活中对徒弟们言传身教，手把手教授知识、技能，影响、改变徒弟们的思想理念。这种做法做到科学、规范的程度可以称为"导师制"，但是在实践中，多数企业的带教工作是做不到专业、规范的，更多呈现出了"人为"色彩，主观性、随意性较大，而且带教时间往往很长，带教人数极其有限，效率非常低。单纯靠"人教人"的做法是无法实现"快培养"的。

不要靠人，而要靠组织，把能力建设在组织上，通过组织来实施人才复制工作。我们看一个管理上的经典案例。

在福特汽车设计出"流水线生产"这一模式之前,汽车生产基本上是手工作坊式的,由一个师傅带领若干工人组装,师傅负责指导、监督和管理,工人负责找配零件,组装完成一辆车后再去组装下一辆车。这种方式效率极低,每装配一辆小型汽车平均需要728个人工小时,根本不能满足市场需求。福特先生创造出了"流水线生产"模式,这一模式的基本做法是将汽车底盘放在传送带上,且以一定速度从一端向另一端传送,在传送过程中,按顺序一步步装上发动机、操控系统、车厢、方向盘等,每个部件的安装都有专人负责,每个安装动作都有专门的规则和标准。"流水线生产"模式是效率极高的方式,使生产产能直接提高近10倍!而且,因为专人做专事,又大幅度提高了产品质量。

复制人才与生产产品的作业模式相类似,必须依靠组织来运作,通过高水平的组织能力大幅度提高人才复制的速度和效率。机制是组织能力的核心组成要素之一,人才复制需要靠科学的机制来实施,不能靠"手工作坊"和"人治",而要运用"流水线"模式,运用机制体系。

人才复制"四化"模式

什么样的机制体系才是人才复制的最优选?中恩教育

研究欧美、日韩企业人才复制的成功案例，吸取我国民营企业人才复制工作的经验教训，创造性地提出了"四化"模式：流程化、标准化、培训化、制度化。

"四化"模式是一套科学化、系统化、规范化的人才复制机制体系，这一模式把握住了能力的本质特点，且充分回应了"批量复制"的需求。

1. 流程化

什么是流程？这里的流程指的是能够高效地实现目的的工作程序和规范要求。通俗地说，就是为了更好地达成工作目标，都需要做什么关键动作、关键动作之间有怎样的逻辑顺序和时间顺序。界定动作和顺序，就形成了行为流程。

"流程化"是将能力素质以流程的形式反映出来、界定下来，把培训和培养能力转换为培训和培养反映能力的一项项具体流程行为。

人才培养理论认为，能力是抽象的，只谈论"能力是什么"对职业实践并无实质价值，重要的是认识到"反映能力的关键行为是什么"，要对关键行为表现进行管理。培养人才，培养的就是员工做出相应的关键行为。举个例子，要培养销售经理"电话邀约"的技能、"真诚服务客户"的理念，我们肯定要把"电话邀约""真诚服务客户"的关键行为表现给描述出来、界定清楚，这样培训才有实践结果，才能改善员工的实际工作能力。脱离具体行为的培训或培养,是在提升员工的认知,而不是在培养人才。

培训行为就是要培训行为的流程,如培训"电话邀约"的行为,则需要对"电话邀约"的全流程行为进行培训,对全流程各个步骤的关键行为进行培训。整体流程可以做到、各个步骤的关键行为可以做到,基本上可以视为掌握了"电话邀约"的技能。

"流程化"是实现人才快速复制的重要前提。把反应能力的关键行为流程作为人才复制的内容,既可以降低能力培训的难度、提高人才培养的成效,又可以提高复制的速度。为什么这么说?因为行为流程是要被固化下来的,凡是做出某个行为均需按照一定的流程操作,而不论责任人是谁、有多少个责任人。这就意味着不管要储备多少人才、培养多少人才,因为培训的内容是统一的、固化的,都可以集中地、大批量地培训、培养。如此,人才复制的速度和效率肯定是高的。

2. 标准化

"流程化"是对能力行为的初步界定,框定了某项能力应该怎样一步步地去做,但是这种界定的程度是不够的,还不能保证"一步步地做"可以实现预期的目的。有一定企业管理经验的中高层管理者都会有这种经历:下属按照流程做了工作,但是却没有效果,甚至与预期目的南辕北辙;而下属也会抱怨,"严格按照流程是在走形式,没有实际价值"。导致出现这种不良现象的不是流程本身,流程对企业的价值是毋庸置疑的,而是流程设计缺了一项关键要素,即行为标准。每一个流程、每一个环节的工作行为均应该有清晰、合理的动作标准,即该行为要怎么做、做到什么程度、符合什么标准、达到什么目标。

精细化是管理的趋势,也是通过管理实现企业高增长、高人效的必然要求,管理的真功夫在于细节、在于精微。如果流程只是界定了关键动作以及发生顺序,而没有详细的行为标准描述,那么员工肯定无法清晰地知道某一项行为该怎么做、做到什么程度、达到什么目的,员工就会根据字面意思、按照自己的主观理解开展工作,结果可想而知:要么做得不规范,要么只是做了,没有结果。因此必须明确各项行为的执行标准,清晰地界定操作规范,要让员工能够非常准确地理解工作行为和行为结果。

能力培养也应如此。在对能力行为做了流程化表达后,还必须进行具体的、详细的"标准化"界定,不能让对"能力"的行为描述停留在模糊的层面。

举个例子:"在介绍产品时,如何应对客户提出的反对问题?"答案是:分三步走。第一步,停留。停留两三秒,给予客户足够的时间去想象你可能会说的话,同时,可表现出你在小心考虑他的反对问题。第二步,微笑。若你表现出担心、愤怒、混乱,会让客户觉得"你已经被打倒了"。微笑会使客户松弛，使他觉得"这只是朋友间的问题，没有什么值得担心，不管你对还是我对"。第三步，再次说出反对问题，表现出期望与对方沟通。用自己的语言再次说出反对问题，可使客户知道你了解他的立场以及你尊重他的问题。

"三步走"即"流程化"，"停留、微笑、再次说出问题"都是言简意赅的描述，员工如果只知道这三个词语，那么很难真正拥有这一能力。进一步明确"停留""微笑""再次说出问题"的行为规范要求、预期目的，可以使员工真正拥有这一能力。

"知其然，并知其所以然"也是培养能力的诀窍，理解透了，才能掌握。

3. 培训化

"培训化"指的是培训机制的实施，按照"培训系统、培训内容、培训流程"的规范要求落地实施。

"流程化"将能力转化为易操作的行为、科学有效的工作流程，"标准化"进一步清晰描述能力的实际内容和标准，接下来就是运用"培训机制"实施培训，开展人才复制工作。在此不再赘述。

4. 制度化

"制度化"即让"流程化、标准化、培训化"成为一种行为制度，让整个人才复制工作上升到企业制度管理的层面，人才复制工作必须按照制度的刚性要求严格实施、持续实施。

"制度化"是与"人治"管理模式相对应的。在"人治"管理模式下，主要按照企业领导者的要求，或根据某一次的员工培训需求调研结果开展一场次或多场次培训活动，即使做到了"流程化、标准化、培训化"，也会因为"人治"色彩导致"流程化、标准化、培训化"逐渐走向无序、混乱和衰败。人才复制工作做不到"制度化"，最大的危害就是企业不能持续地按照标准严格去做培训和培养，让培训和培养走了样、变了形、没了效果。

诚如企业管理要制度化，人才复制工作同样需要制度化，制度化是执行和结果的保障。

"四化"模式能够实现"赋能"和"复制"两大功能，是被理论和实践证明了的、高效的人才快速复制的方法体系，是培训机制的升级版本。中恩教育用五年时间开设11家直营分公司，需要配置众多的总经理、副总经理、部门总监，这些人才从何而来？靠的就是"四化"模式。

CHAPTER 7

第 7 章

激励机制
激活人才、打造组织发动机

激励的精髓在于影响人性内在的渴望。

——张致铭

企业经营的核心在于人才，人才经营的核心在于激励。企业文化能够激发人"追求"和"责任"的意识，这是最深层次的内驱力；利益财帛能够给予人物质满足，是最直接的加油剂。"人们奋斗所争取的一切，都同他们的利益有关。"《素书》中说：小功不赏，则大功不立。功赏就是薪酬分配，就是激励。

稻盛和夫先生一生创建两家世界500强企业，留给了世人两大遗产：一是经营哲学，二是分配哲学。稻盛先生主张的分配哲学核心原理是什么？就是利益驱动，是把经营成果、营收、利润与每一位员工的收入挂钩，激励每一位员工成为经营者，当人人皆可看到自己的价值贡献和对应的收益，工作及事业的动力便被激活了。

任正非说：钱分好了，管理的一大半问题就解决了。激励机制是企业增长的内部发动机。

激励的伟力和"三大法门"

激励，是人才管理的核心主题之一。激励，可以提升员工的积极性、团队的战斗力，是人才愿意将其才能充分发挥、创造出卓越业绩的关键所在。企业的领导者、管理者都知道激励的重要性，但这种认知多是模糊、表面的，可以说还没抓到关键点。下面我们通过历史典故再进一步认识激励的巨大力量和作用法门。

激励有伟力，平凡创造奇迹

1. 案例一："商鞅变法的"军功爵位制"

熟悉中国古代史的企业家应该对秦朝崛起的大致脉络有所了解，秦朝一统天下的起点在于秦孝公期间的商鞅变法。

自秦穆公称霸到秦孝公即位，秦国历经200多年征战，早已积贫积弱，面临存亡的危局。为了突破困境，秦孝公实施了著名的"商鞅变法"。"商鞅变法"有"强秦九论"，涉及田制、税制、农爵、军爵、县制、法制、商业、官制、民风等九个方面的变革。站在管理学的角度来看，秦国能够在随后的一百多年间打败六个诸侯国、一统天下，其核心就在于深度使用了激励机制，如"农爵改革""军功爵位改革"，两个以激励为目的的改革使秦国成为"耕战"之国，成为战国后期最富强的国家。

"军功爵位制"的激励作用尤为突出。"军功爵位制"是指士兵立军功即封爵，可以享受爵位带来的收益，包括俸禄、田宅、仆人及其他特权。"爵"，通俗地解释，就是社会地位、官位。商鞅推行的这一项改革，是战国时期最为彻底的军爵制改革。我们看一下改革要点：

其一，设置20级爵位，从最低级的公士、上造到最高级的大庶长、关内侯、彻侯。公士是最低一级，可享有岁俸约五十石粮食，同时另有田一顷、宅一处和仆人一个，但仍需服兵役；上造，倒数第二级，除享有更多的岁俸外，若其父母中有人犯罪，可以为其中一人免罪；彻侯是最高一级，可享有岁俸1000石粮食，拥有土地、封国，可以征收封地租税，相当于"诸侯"。

其二，授爵规则。依靠军功授爵包括两个方面："有军功者，各以率受上爵"，即凡是立有军功者，不问出身门第、阶级和阶层，都可以享受爵禄；"宗室非有军功论，不得为属籍"，取消宗室贵族所享有的世袭特权，没有军功就没有高官厚禄和爵位封邑。总体来说，军功是一个人享有不同等级收益的决定性因素。

军功授爵规则很简单，但非常有吸引力。对于普通士兵，能够斩敌人一颗首级，就可以获得公士一级的爵位及与之相对应的田宅、仆人，也可以做官。斩获的敌人首级越多，获得的爵位越高。对于军官，自己管辖的士兵斩首达到了30人以上，该队的百将、屯长可以记功；攻城战中斩首8000人、野战中斩首2000人，指挥作战的将军可以记功，所有战斗人员都会晋爵一等。

若是士兵阵亡了呢？国家是不会亏待的。"军功爵位制"有一条详细的规定，如果士兵已经得到了爵位、土地，若战死沙场，所有的功劳都会归算在家人身上，家人的安全也会得到保障。这样，士兵再无后顾之忧，即使失去生命也要多斩杀一个敌人。

变法实效是显著的:"民闻战而相贺也,起居饮食所歌谣者,战也""民之见战也,如饿狼之见肉"。什么意思?百姓闻战则喜,听说有战争要发生,竟然互相庆贺;看到战争现场,就好像饿狼看见了肉!后人称"秦军"为虎狼之师,即因为"军功爵位制"。

历史已经证明这一机制的伟力!秦军成为当时战力最强的军队,最终横扫六国,统一华夏。

2. 案例二:成吉思汗的"铁骑"

"军功爵位制"是一种机制,功用显著。那么,单一的激励方式是不是也能发挥大的功用呢?显然是的。我们了解下曾经横扫欧亚大陆的蒙古铁骑是如何被激励的。

众所周知,"一代天骄"成吉思汗麾下的"铁骑"战力举世无双,是一支所向披靡的军队,在短短25年间灭亡40个国家,征服700多个民族、消灭他国军队上千万人,建立了人类历史上版图最大的蒙古帝国。实际上,蒙古军队总数并不多,还不到20万人,为什么会有如此强大的战斗力?原因有很多,其中主要的是蒙古骑兵作战勇猛、悍不畏死。为什么会有这样的战斗精神?激励是关键因素。

成吉思汗是如何激励士兵的?他采取了令人敬佩的分配方式,其中关键措施有两条:

其一,铁木真作为草原上的最高统治者,在每一次胜利之后,他只分得战利品的10%,其余90%全部按照军功分配给部下，而且孤儿寡母也有份。

其二，成吉思汗承诺：如果任何一次的战利品，他先拿了，被部下发现，部下可以把他的手剁下来；如果任何一场战争，部下看到他退后了，部下可以杀死他！

不退后，是领导者的风范；不先拿战利品，是为了把能够拿到更好的战利品的机会让给部下！

历史表明，重赏部下是成吉思汗用人的秘诀，是草原战士能够跟随他、愿意为他浴血奋战的重要原因。

3. 案例三：华为的"股权激励"

1987年，任正非与5个朋友一起创业，凑足2万元成立了华为。到2020年，华为已经位居中国民营企业500强榜单第一名，同时稳坐世界通信设备行业第一的位置！

华为靠什么取得了如此骄人的业绩？靠人才，靠具有市场吸引力的薪酬政策，高薪获取"高素质人才"，高薪激励人才"艰苦奋斗"。此外，最为业内称道的是长期施行的股权激励政策。

1990年，华为第一次推行员工持股计划，以激励创业期的员工持续艰苦奋斗。彼时，华为员工的薪酬由工资、奖金和股票分红组成，三部分收益相当。股票分红具体就是，参股价格为每股10元，对公司税后净利润的15%计提分红。在员工进入公司一年后，公司会根据岗位级别、绩效考核结果、能力素质表现等因素授予员工相应数量的股份。

2001年,华为正式实行"虚拟受限股"的期权改革。该模式规定,根据员工的绩效考核和任职资格评价结果,员工可以获得一定额度的股票期权,行权期限为四年,四年内每一年可兑现总额度1/4的股份。获得"虚拟受限股"的员工享有分红权和增值权,可以凭持股比例获得公司净利润的分红,或者享有股票价格上涨带来的增值收益。

在随后的经营历程中,华为不断调整股权激励方式,例如向核心层骨干员工倾斜,降低员工购买资金比例,限定每年兑现的最高比例,实行锁定期制度,实施固定期限的"TUP计划"等。

华为是国内民营企业实行股权激励的成功典范。通过股权激励模式,华为吸引、激励了一批批高素质人才,实现了"人力资本不断增值的目标优于财务资本增值的目标"的管理目的,进而创造了华为奇迹。

有效激励有"三大法门"

为什么军功爵位制可以打造出战力最强的军队,且能持续一个多世纪?为什么华为可以通过股权激励打造出"狼性"团队,而更多的企业却收效甚微?军功爵位制做对了什么,华为做对了什么?

所有商业性企业都在探索如何有效激励员工,总结古今中外的成功案例,中恩教育认为,有效激励有三大法门,做到这三项,激励才有可能有效。

1. 投其所好

军功爵位制为什么有效?因为获得地位和财富、改变命运是平民最为内在的渴望和诉求,而军功爵位制可以让这些得以实现。

成吉思汗重赏方式为什么有效?因为彼时的草原骑兵最渴望的就是财富、物质享受,而跟着成吉思汗就可以实现。

华为股权激励为什么有效?因为就个人发展而言,员工最需要的是高成就、高收入,而在华为获得股份就可以实现。

投其所好,响应、满足人的喜好,尤其是满足人最为内在的需求,这是激励能够发挥作用的最基本条件。为什么很多企业的激励没有明显的效果?根本原因之一就在于没有抓住人真正的喜好、需求。须知,"人的最迫切的需要才是激励人行动的主要原因和动力"。

有不少企业老板对此很不解,甚至带有委屈地问中恩教育:"为什么企业给员工涨了工资、发了奖金,但是大家的积极性并不高?"中恩教育认为,虽然工资、奖金等收益是员工的追求,但是不能把金钱当作万能灵药。管理者需要明白,不同阶段、不同层级的员工,他们最为关注的需求是不一样的,要进行"差异化激励"。

- 新进员工，尤其是应届毕业生，作为初入社会的年轻人，真正渴望的是成长和积累，希望能够提升专业能力和职业技能，积累工作经验和社会阅历，因为这些是让年轻人在未来能有更好发展的关键筹码。
- 企业的中基层管理者，最为关注的是职位上的晋升，即在一家企业有没有较大的可能性被提拔到更高层级的管理岗或核心岗，因为职位层级升高，意味着权力和收入很有可能会增加，也在一定程度上意味着工作更具有稳定性。
- 高层管理者，尤其是拥有公司股权的"核心圈"成员，最为关注的是企业的发展前景和个人能否由此实现"财富自由"；已经实现了"财富自由"的高级管理人员，最为关注的是事业的发展、人生的价值和意义，追求的是精神世界的满足。

投其所好，要针对特定的群体投"最为内在、渴求程度最深"的"好"，这是有效激励的起点。

2. 高于预期

激励的实质是影响"预期"，收益对人的刺激程度与人的预期有直接关系。每个人都会对未来的收益有预先的判断，当实际获得的收益低于预期，员工会感到不满意和沮丧，在这种情况下，主动性和积极性自然是偏低的；当获得的收益与预期相近，员工会感到基本满意、略有缺憾，在这种情况下，会有较好的主动性和积极性；当收益超出预期，员工会感到兴奋，而且超出预期越多，兴奋度就越高，与之对应，主动性和积极性就会越高，投入度和贡献度就会越大。

在商鞅变法的时代，六国也在变革，但没有任何一个国家对士兵军功的奖励程度高于秦国；成吉思汗的对手札木合也是英雄人物，但他对部下的奖励根本不能与成吉思汗相提并论；华为股权激励覆盖54%的员工，分红收益常年高于同行乃至国内绝大多数企业。

为什么很多企业的激励没有效果？涨了薪、配了股份、做了晋升机制，为什么员工还是无动于衷？除了没有满足员工的真正需求外，重要原因是收益低于员工的心理预期。涨了薪，但是幅度偏小；配了股份，但分红收益不足以让人心动；职位晋升了，但是只看到责任增加，没看到收益增加……对于管理规范的企业，虽然有合理的薪酬分配机制，但多数的情况是"员工会感到满意，但感受不到触动"！客观地说，收益低于预期是绝大多数企业激励效果偏弱的主要原因。

《太公兵法》有言，要"赏如高山、罚如深溪"。什么是"赏如高山"？指的就是重赏，奖赏不丰厚，是很难充分调动士兵的情绪和意志的，是很难打造出来"狼性"团队的。人天性带有懒惰，高于预期的收益所带来的刺激感和冲击感，会削减懒惰、激发活力。

3. 论功行赏

"投其所好""高于预期"是激励有效性的"两端"，"论功行赏"是连接"两端"的操作方法。如何针对员工"所好"给予"高于预期"的奖励，唤醒其内在的激情和奋斗精神？就靠"论功行赏"。

什么是"论功行赏"？通俗地理解就是"多劳多得、少劳少得、不劳不得"，收益多少要和劳动成果直接挂钩、成正比例关系。"论功行赏"体现了结果导向的原则，是弹性激励的典型做法，而"弹性"是有效激励的活力剂。弹性越大，激励性越强；弹性越小，激励性越弱。

为什么这么说？因为激励的弹性直接影响人的欲望。固定收益是不具有激励性的，所谓"司空见惯""波澜不惊"就是这种心理状态；论功行赏可以做到"干多少，拿多少"，从而具备较强的激励性，因为"可以拿的更多，只要干的更多"。收获与付出成正比，自然愿意付出。

"军功爵位制"有 20 级爵位，奴隶可以凭军功升为平民，可以从一个平民成为公士、上造，成为左庶长、右庶长，甚至封为关内侯、彻侯，爵位越高，收益越大，而且远远高出奴隶、平民的预期。这样的激励弹性程度，士兵怎么会不奋勇杀敌？

"高收益"是触动人心的砝码,"弹性"是激活精神的活力剂。两相结合,必然引爆出强大的行为能量。

激励机制的内涵和核心特点

激励是企业的发动机,通过激励可以有效驱动人才做出正确的行为,创造出卓越的业绩。那么,激励机制到底是什么?激励是如何驱动人才的?

激励机制的内涵:刺激需求,激发动力

在人力资源管理领域,"动能"管理是永恒的课题,因为"动能"是人力资源能否产生绩效的决定性要素。什么是"动能"?即动力和能力。能力指的是能力素质,如胜任力、职业态度等;动力指的是人的动机及强弱程度,是一个人为了达成某种目的而产生的心理驱动能量,动力越强,想要达到某一目的的渴望就越强,人的内驱力就越强,就越愿意付出和行动。动力是相对于能力更为重要的因素,因为对于每一个人而言,所有行为皆始于动力。

激励的目的在于激发人的动力。怎样才能够激发人的动力?要抓住动力的来源。动力来源于人对需求的满足。人是为了满足自我的某种需求才产生了动力,这是由人的本性决定的。我们了解一下经典的马斯洛需求层次理论。美国著名社会心理学家亚伯拉罕·马斯洛认为,人至少有

五种基本需求,按照需求的程度从低到高分别是:生理需求、安全需求、社交需求、尊重需求、自我实现需求(见图 7-1)。对于员工来说,生理需求是获得收入且能够维持基本的生活;安全需求是职业稳定,避免失业的风险;社交需求是加入组织,融入团队;尊重需求是获得来自上级、平级和下级的认可和赞赏;自我实现需求是个人能够有所作为,创造出高业绩。

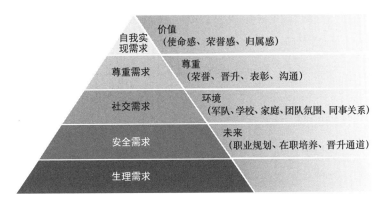

图 7-1　马斯洛需求层次理论

结合企业管理实践,中恩教育认为,员工的需求可以概括为三个主要方面:精神、物质和未来(见图 7-2)。

精神需求包含社交、尊重和自我实现的需求,物质需求包含财富收益、美好生活,未来需求包含职业方向、发展空间等。要想激发员工的动力,就需要对这三类需求给予激励。精神需求靠什么满足?文化机制。物质需求靠什么满足?薪酬福利。未来需求靠什么满足?职业晋升。

图 7-2　员工三项主要需求

文化、薪酬、晋升共同构成了企业的激励机制。在本书中，因文化机制有其独有的特点，以及对企业增长整体上的牵引作用，不将其列为激励机制的组成部分。因此，企业激励机制主要包含薪酬和晋升两大部分。

激励机制有四大核心特点

诚如前文所述，"投其所好""高于预期""论功行赏"是有效激励的三大法门。企业内部的激励机制同样应遵循这三大要求，但需要结合薪酬和晋升的特点进行具体的、有针对性的描述。

中恩教育认为，有效的激励机制必须体现出以下四大核心特点。

1. 对外具备竞争力

对外具备竞争力指的是员工所在岗位的薪酬水平要高于行业水平，高于竞争对手企业的薪酬水平。

有效激励的核心要求之一是"高收益"，因为高收益才能够触动人心、激发活力。"高收益"指的就是薪酬水平高。比什么高？比行业整体薪酬水平高，比竞争对手企业薪酬水平高。

员工被薪酬所吸引，主要就是因为他们能获得在同行业其他公司、竞争对手公司无法获得的更高水平的薪酬；员工被高薪酬所激励，主要就是出于对高收益的渴望和珍惜。薪酬具备对外的竞争力，就可以实现吸引人才、激励人才。

那么，如何设计薪酬来体现竞争力？首先要做两项工作：薪酬调查和工资水平线确定。薪酬调查指的是对行业内的企业，尤其是竞争对手企业的薪酬进行调研、了解；工资水平线确定指的是当了解了行业薪酬整体水平线、竞争对手企业的薪酬水平线后，要确定自家企业的工资标准，如图7-3所示。

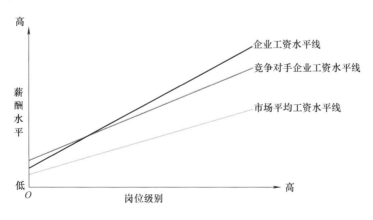

图7-3　工资水平线

如图7-3所示，"企业工资水平线""竞争对手企业工资水平线""市场平均工资水平线"都是随着岗位级别由低到高呈上涨趋势，这符合岗位价值的表现。其中，企业工资水平线显示，较低级别岗位的工资水平高于市场平均工资水平，低于竞争对手企业工资水平；较高级别岗位的工资水平高于市场平均工资水平，也高于竞争对手企业工资水平。这是具备对外竞争力的薪酬设计。

2. 对内具有激励性

激励性是激励机制最重要的价值，薪酬体系的设计要以激励性为核心导向。

什么是激励性？通俗地说，就是要让员工有工作的主动性、积极性。如何做到有激励性？就是前文谈到的"弹性""干的越多，拿的就越多"。弹性越大，激励性越强。不过，要想薪酬体系具有激励性，不能只考虑到弹性，还需要关注以下三个方面。

（1）要以结果为导向。薪酬体系的核心目的在于激励员工完成绩效、达成工作目标，绩效结果是企业员工管理的落脚点。因此，薪酬体系必须以绩效结果为导向，绩效越好，薪酬就应越高。"干的越多，拿的越多"，这个"干"要以绩效结果为核心，与结果关联度不大的行为或不产生结果的行为，都不应该成为薪酬激励的主要方向。

职场中有些员工认为,"没有功劳,也有苦劳",虽然没有拿到结果,企业也应该对其辛苦的付出有所奖励。然而,这并不是有价值的做法。对企业来说,为没有结果的付出给予薪酬并没有实质性的用处,而是在浪费有限的资金资源。员工也不应该以"苦劳"安慰自己,而是需要反思、改进,努力追求"功劳"。

(2)追求规则的公平性。公平是人类在意的价值理念之一,也是薪酬需要体现的特点之一。公平性指的是什么呢?不是结果的公平,而是分配规则的公平;不是"干多干少一个样""大锅饭""平均主义"的公平,而是"干的多就拿的多、干的少就拿的少、干的一样就拿的一样"的规则公平。简而言之,薪酬体系的公平性是机会的公平、规则的公平。

相较于激励性,公平性不是薪酬体系的核心特点,而是基本要求,这一点尤其适用于中小民营企业。中小民营企业自身经营实力偏弱,在竞争激烈的市场环境中,需要集中精力做业绩、出结果,需要把有限的资金资源投入到能出结果的员工身上。

(3)企业的利润点与员工的激励点要具有一致性。结果导向、规则公平是薪酬激励性的基本要求,在此基础上,要把企业的增长点、利润点与薪酬的激励性挂钩,让薪酬激励能够有效地作用于企业的经营发展。这是企业战略对薪酬机制的要求。

如何挂钩？企业的增长、盈利目标与薪酬的发放规则直接关联。企业需要营收增长、利润增长，那么在设计薪酬体系时就需要做到"营收增长多少，利润增长多少，员工的薪酬就按相应比例增加多少"。企业的利润点变动幅度与员工薪酬变动幅度成固定比例关系。例如餐饮企业鼓励高翻台率，那么服务员的薪酬就可以与翻台量挂钩，采用提成模式，翻台一次提取若干收入，员工为了多拿工资，必然愿意调整自己的工作行为来提升翻台量，欢迎更多的客人来消费。这样，员工赚到了钱，企业提高了收入，双方实现共赢。

3. 要能激励到引擎岗位

岗位是人力资源管理各项活动的基础，薪酬是基于岗位设计的。脱离岗位的薪酬缺乏科学性，对激励员工履行职责、产出绩效价值不大。但需要明白的是，不同岗位对企业的价值是不同的，薪酬要重点激励引擎岗位。

什么是引擎岗位？能够直接产生收入、利润的岗位，对客户满意度、市场认可度、销售业绩达成率承担直接责任的岗位就是引擎岗位。对于销售型的企业来说，销售岗、销售管理岗是引擎岗位，这些岗位能够决定业绩大小；对于生产型的企业来说，生产管理岗是引擎岗位，它能够决定产品质量和企业的市场认可度；对于餐饮类企业来说，厨师是引擎岗位，厨师做出的饭菜是否可口直接决定餐饮店的业绩和顾客的回头率。当然，每家企业的"核心圈"团队成员所在岗位都属于引擎岗位范畴。

引擎岗位是企业实现增长的关键动力，是企业生存发展的命脉所在，因此，薪酬体系必须把该类岗位及任职者作为激励的主要对象，在薪酬水平、激励性上向他们倾斜。当引擎岗位的薪酬"对外具备竞争力、对内具有激励性"时，该类岗位任职者的稳定性及其工作的主动性、积极性基本就有了保障，也就意味着企业的业绩目标有了保障。

需要说明的是，企业中的岗位分为三种类型，分别是上山型、下山型、平路型。上山型岗位一般是业务岗位，直接为企业创造业绩，如销售岗，这类岗位需要重点激励，可以设置低底薪、高绩效的薪酬模式，高绩效才会有高激励。下山型岗位是主要以技术和专业能力为企业提供价值的岗位，如研发岗、设计岗，这类岗位以保障、稳定为主，可以设置高底薪、低绩效的薪酬模式。平路型岗位介于两者之间，主要通过履行职能来为企业提供价值，如仓储岗、客服岗、行政岗，这类岗位可以设计固定部分与绩效部分的比例相接近的薪酬模式，侧重点在于提供较稳定的固定收入，并有一定程度的激励和约束。

4. 拉开岗位级别的薪酬差距

晋升是员工的主要需求之一，绝大多数员工的工作目的不仅是为了薪酬收入，也非常希望可以在一家企业有晋升的机会，可以获得更高的职级，可以拥有更为广阔的职业发展机会。未来有更好的职业发展，这几乎是所有员工的内心渴望。

拉开岗位级别的薪酬差距，就是对每一类岗位从上到下设计多个职位等级，而且职位等级之间的薪酬差距是偏大的。多个职位等级的设置，是为了建立职业发展通道，让员工看到晋升的机会和方向。不同职位等级之间设置较大的薪酬差距，是为了增加薪酬的激励性，"差距大"是对凭绩效和能力晋升的优秀员工的奖励和激励，是对渴望向上晋升的其他员工的激励和牵引。"拉开岗位级别的薪酬差距"是将职业发展机会和薪酬收入相结合，并增大晋升级别之间的激励弹性，相信这能够点燃员工的进取心和工作激情。

阿里巴巴曾经使用的职级体系及薪酬如表 7-1 所示。

在这一职级体系中，技术岗位序列（即 P 序列）共设置 14 个等级，管理岗位序列（即 M 序列）共设置 10 个等级。单论技术岗位序列，较低的 P4 级别员工年度薪酬为 10 万～15 万元，而较高的 P10 级别员工年度薪酬可以达到 150 万元以上，差距超过 10 倍，而且还不包括股票收益的差别！而 P10 级别以上的员工所能够享有的收益更为丰厚，是较低层级员工难以企及的。职位等级多、薪酬差距大、总体薪酬水平高，如此设计薪酬，企业怎能不人才济济呢？

表 7-1 阿里巴巴职级及薪级表

序号	技术岗位序列（P）	技术等级	管理岗位序列（M）	管理等级	薪酬范围（万元）	配股（股）
1	P4	初级工程师			10～15	0
2	P5	中级工程师			15～20	0
3	P6	高级工程师	M1	主管	30～40	0
4	P7	专家	M2	经理	50～70	800～1 200
5	P8	高级专家	M3	资深经理	70～100	2 000～2 200
6	P9	资深专家	M4	总监	100～120	6 000～8 000
7	P10	研究员	M5	资深总监	150+	12 000
8	P11	高级研究员	M6	副总裁	根据企业经营绩效核算	
9	P12	资深研究员	M7	资深副总裁		
10	P13	科学家	M8	执行副总裁		
11	P14	资深科学家	M9	副董事长		
12			M10	董事长		

高人效薪酬模式，让企业进入良性增长循环

每一家企业都有自己的薪酬体系，但是实际的效果却千差万别：有些企业总是招不到人才、留不住人才，长年人效低、团队士气低、组织氛围差；有些企业却能够凭借薪酬体系招揽优秀人才、激发员工的内生动力、打造出"铁骑部队"。前者用"低人效薪酬"模式，企业陷入恶性循环，人越来越少，业绩越来越差；后者用"高人效薪酬"模式，企业走入良性循环：薪酬激励人才，人才推动业绩，业绩产生利润，利润反哺薪酬。

为什么会有这样的差别？根源在哪里？什么才是真正有效的高人效薪酬模式？

综合有效激励的"三大法门"、激励机制的四个核心特点，中恩教育认为，要打造高人效薪酬模式，必须做到"三高"：高薪酬、高素质、高绩效。

"高薪酬"指的是薪酬水平高，不仅高于行业平均水平、竞争对手水平，也高于多数员工的心理预期。例如华为公司的薪酬设计，应届生入职起薪都显著高于同行业其他公司同岗位的薪酬水平，正式员工的薪酬与公司效益挂钩，并因为采取股权激励方式，年度薪酬总额更是具备明显的竞争优势。

"高素质"指的是薪酬政策要能够吸引高素质、高能力的人员。这是薪酬体系的核心落脚点之一。薪酬是要通

过吸引优秀人才、驱动优秀人才来发挥作用的,若不能作用到"高素质"人才,而是脱离人才素质做薪酬,薪酬只是工资、奖金而已,那么薪酬并不会有实质用处。要吸引高素质人才,高素质人才能够为企业带来高业绩、高增长,这是高人效薪酬模式的关键所在。

"高绩效"指的是要设定高绩效目标,要驱动员工产出高绩效结果。高绩效目标是薪酬体系的导向,高绩效结果才与"高薪酬"相配,也是对"高素质"人才的核心要求。

"高薪酬、高素质、高绩效"形成闭环,构成了一个简单、有效提升人效的薪酬体系。更为重要的是,"高绩效"会带来"高利润","高利润"能够支撑"高薪酬",从而形成可以吸引高素质优秀人才、驱动优秀人才,持续实现高增长、高利润的良性管理循环(见图7-4)。

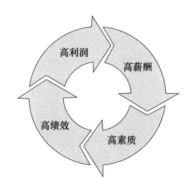

图 7-4 薪酬的良性循环

在薪酬管理实践中,"534 薪酬"是典型的高人效薪酬模式,即"5 个人的工作由 3 个人做,发 4 个人的薪水"。给 3 个人发 4 个人的薪水即"高薪酬",3 个人做 5 个人的工作既是"高素质",也是"高绩效"。中小民营企业可以借鉴,将薪酬、人才充分结合,走高人效薪酬模式,运用薪酬推动企业经营走入持续高增长的良性循环。

激励机制"6+1"结构

激励机制主要包含薪酬和晋升。中恩教育总结出了常用的薪酬模式和晋升方式,总结出了具有普适性的"6+1"结构,"6"即固定工资、绩效工资、提成、奖金、福利、股权激励,"1"即晋升。

固定工资:保障生活、反映岗位价值

固定工资指的是不与员工绩效结果挂钩、相对稳定发放的薪酬组成部分,一般有底薪、基本工资、岗位工资等形式。

激励性是薪酬的核心特点,这点毋庸置疑,但需要考虑到薪酬的保障性。薪酬理论认为,薪酬至少要有四个特点,即保障性、竞争性、激励性和公平性,其中保障性是薪酬的最低层次,也是最基本的要求。薪酬的保障性指的是薪酬收入要能够保障员工的基本生活支出,而固定工资

的作用就在于此。这是不可或缺的薪酬组成部分。

在固定工资的各种形式中，体现薪酬保障性的形式一般有底薪与基本工资。两者的定义相类似，指的是企业制定的、用来保障员工基本生活的工资部分，一般要比最低社会工资高。最常见的是销售岗"底薪＋提成"模式中的底薪。

岗位工资指的是什么？指的是根据岗位职责范围，工作任务繁重程度、难易程度，以及岗位职责对企业价值的大小来确定的工资部分，如采购员的岗位工资为4000元／月，质检员的岗位工资为3800元／月，生产统计员的岗位工资为3500元／月，行政助理的岗位工资为3000元／月。这些岗位的工资标准是对岗位职责价值大小的反映，岗位职责对企业的价值越高，岗位工资就越高。同时，遵循"以岗定薪、岗变薪变"的原则，当员工由生产统计员调岗到采购员岗位时，其岗位工资就由3500元／月变更为4000元／月。岗位工资形式常见于职能岗位的薪酬结构。

绩效工资：拉动员工实现绩效目标

很多企业对职能岗位采用的薪酬结构为"岗位工资＋绩效工资"，其中的"绩效工资"是根据员工当期的绩效考核结果核发的工资收入。本节所谈的"绩效工资"即这个含义。通俗地讲，所谓的绩效工资，就是考核工资，与绩效考核结果挂钩。

这一薪酬模式的意义是什么？是对员工工作绩效表现的反馈。绩效考核通过评分的方式对员工当期主要工作任务的完成情况、业绩目标的达成情况做出综合评价，一般分为"优、良、中、差"等级别，绩效工资根据员工的"优、良、中、差"级别增加或减少发放，如表 7-2 所示。

表 7-2 绩效工资发放示例

假设某员工月绩效工资标准为 3 000 元，那么，将按照下方公式，根据当月考核结果核发绩效工资

绩效考核等级	绩效工资发放系数	实际应发绩效工资（元）	计算公式
优（优秀）	1.2	3 600	3 600=3 000×1.2
良（良好）	1.1	3 300	3 300=3 000×1.1
中（合格）	1.0	3 000	3 000=3 000×1.0
差（不合格）	0.6	1 800	1 800=3 000×0.6

当员工当期绩效表现被评为优秀或者良好时，绩效工资会按照一定的增幅比例发放；若绩效表现差，则会适当扣减绩效工资。企业可以通过绩效工资适度增加或减少来管理员工、规范员工工作行为，并发挥一定的激励作用。

但是可以看出来，绩效工资的激励性并不强，因为薪酬差距并不大、弹性力度不足，做不到"干的多就拿的多"。因此，绩效工资模式更适合平路型、下山型岗位，

不适合上山型的引擎岗位。平路型、下山型岗位人员追求的是稳定性和一定程度的激励,绩效工资模式相对适合。

需要说明的是,要考虑到固定工资与绩效工资的比例。一般来说,固定工资与绩效工资的比值越小,绩效工资额度就越大,薪酬的激励性就会越强,反之亦然。

提成:"干多少就能拿多少"

提成是根据员工的业绩结果直接核算收入的薪酬模式,是"干多少就能拿多少"的直接体现。最常见的是销售岗的"底薪+提成"模式。提成意味着有多少业绩,就可以按提成比例获得多少收入,业绩越高,提成收入就越高,上不封顶。

设计提成制时,需要关注两个事项。其一,采用单一计提比例还是阶梯式计提比例?单一计提比例指的是无论员工完成了多少业绩,都按一个比例计算收入;阶梯式计提比例指的是设置两三个计提比例,员工做出的业绩少,适用较低的计提比例,做出的业绩高,适用较高的计提比例。其二,销售经理适用个人提成制,团队经理适用团队提成制。个人提成制是只对个人的业绩计提收入,团队提成制是对所管理的团队整体的业绩计提收入,团队经理主要享有团队业绩的提成。

需要说明的是,本节谈到的"提成制"并不是单指提成这一种模式,还涉及计件工资制、产值工资制等多种模式。生产操作工人实行计件工资制,在单位时间内产出的成品数量越多,按照单价计提的收入就越高;生产管理者可以实行产值工资制,当期企业的产值越高,按照比例计提的收入就越高。

提成制从业绩、工作量中按照固定比例直接提取收入,是薪酬管理实践中最直接、有效的激励方式。不过,也需要看到提成制的弊端。这种模式侧重于当期或短期激励,不考虑企业的中长期发展目标,而且提成制往往只考虑业绩这个单一目标,对成本、利润及其他重要的管理目标关注较少。因此,总体上,提成制比较适合与企业业绩直接关联的中基层岗位,而不适合高层岗位。

奖金：给予超额目标的激励

奖金指的是当员工的工作绩效超出了既定的目标或标准时,为了表示奖励或者激励,所给予的额外薪酬。奖金,也叫作超额奖金,这一薪酬模式的重点是"超出目标,额外奖励"。

奖金是一个整体概念,涉及的具体形式有很多,比如工作量奖、专项奖、年终奖,以及其他围绕目标突破所设置的奖励性薪酬。工作量奖指的是员工完成工作任务的数量超出了既定目标,而且又是企业所希望的,因此所给予的奖励,如生产产值超出目标所给予的超产奖,工程项目为企业节省了大量成本所给予的项目奖。专项奖指的是企业对某一特定工作任务所设定的奖励，如对工艺技术升级改造、新产品研发、生产产能提升等设置专门的奖金，以奖励相关团队的工作在时间进度、绩效质量方面的优异表现。年终奖是企业常见的奖金形式。一般做法是，当企业突破了年初预定的营收、利润目标和若干管理目标时，企业从营收中提取一定比例的资金用来激励全体员工或重点岗位的员工。

奖金的发放规则包含计提和内部分配两个层面。除了考虑从营收中计提的比例外，更要关注如何对奖金包进行二次分配，以便公平合理地发放给团队的每一位成员。通过研究、总结奖金发放的案例，中恩教育认为应该结合岗位级别、绩效结果两个要素来分配，即综合考虑员工的岗位级别及该员工的绩效考核结果，从而对奖金包进行具体分配。在一个团队中，团队经理级别高、责任重、价值大，因此分配到的奖金额度必然是高的；其他同岗位的员工，绩效优秀的一定要比绩效差的多分配到奖金。这样才能体现奖金分配的结果导向，推动企业建立绩效导向的管理文化。"大锅饭"、一刀切是要不得的。

福利：不可缺少的保障薪酬

与工资、提成、奖金等物质收入不同，福利主要是以非现金形式支付给员工的、起到补充和保障作用的薪酬组成部分。

员工福利一般有哪些？总体上分为两部分：法定福利、企业福利。法定福利指的是政府通过法律法规规定企业必须为员工支付的福利；企业福利是企业根据自己的意愿、与员工协商制定的福利。法定福利一般包含社会保险、带薪假等。其中，社会保险包含基本养老保险、基本医疗保险、生育保险、工伤保险、失业保险等，带薪假包含年假、婚丧假等；企业福利的形式多样化，由企业根据经营状况、参考社会惯常做法制定，常用的有补充养老保险、补充医疗保险、商业保险、其他带薪假、节日礼金、员工文体活动、员工关怀福利、学习成长机会等。

福利是薪酬机制不可缺少的部分，多样化、个性化的福利计划是现代人力资源管理的趋势。福利对企业员工管理越来越重要：好的福利计划可以增加外部招聘的吸引力；可以增加内部员工对企业的认可度和融入度，起到"留心"的作用；还可以通过塑造良好、愉悦的工作氛围来改善员工的职业体验，增加员工的职业幸福感，这有助于提高人效。

需要说明的是，福利是适用于企业全体员工的，凡是与企业签订劳动合同的员工均可享受法定福利和企业福利，不能因员工能力不同、工作绩效不同而有所区别。

股权激励：最有效的长期激励模式

激励本身是有时效性的，在有效期内才会有激励作用。总体上，薪酬时效性分为即期、短期、中期、长期。即期激励是在当下时间内有激励性，如提成制、绩效工资制，当下有业绩，当下就激励；短期激励是在1年内有激励性，如季度奖金、项目奖等，在短期时间结束后才给予激励；中期激励是在1～3年内有激励性，如年终奖、年薪制、利润分享等，以年为周期兑现激励；长期激励是在3年以上的长周期内有激励性，在长周期内持续给予员工激励，不断刺激员工。

股权激励是最常用的长期激励模式，也是最为有效的激励人、留人的薪酬模式。据《证券日报》统计，目前世界500强中80%的企业都实行了股权激励计划。

股权激励是什么？股权激励指的是企业授予员工一定数额的股权或股份，使员工可以享有身份权、增值权、分红权，能够长期分享企业经营利润，从而转变身份意识，尽职尽责为实现企业中长期经营目标而努力的激励方法。股权激励的具体做法有很多，总体上分为虚股激励和实股激励两大类，它们的共同做法是根据绩效结果和授予的股份数额对企业可分配利润再分配，以年度为单位在长周期内持续激励员工。

股权激励的具体应用模式比较多，其中非上市公司常用的股权激励模式有期权（认股权）、期股、虚拟股权等。

期权是指授予激励对象权利和资格，使其可以在将来某一时期以一定的价格购买公司股票。通俗地解释就是，在未来的某一时期，若激励对象实现了公司制定的绩效目标，那么他就可以以事先约定的较低价格购买公司的股票，从而获得公司的股权权益。

期股是为了解决购买者资金不足而产生的股权激励模式，通常的做法是企业贷款给激励对象购买股票，激励对象购买的股票先锁定在个人账户中，在锁定期内，激励对象不能变现，只享有股票的分红权、增值权，不具备表决权和处置权，待激励对象达到预定绩效目标且全部还清贷款后才可以完全拥有股权，享有表决权和处置权。

期权、期股模式是实股激励，但因为实股涉及公司的所有权和控制权，因此实股激励一般只授予公司中的少数关键人才。对其他激励对象，则可以考虑使用虚拟股权激励。虚拟股权激励指的是公司授予激励对象名义上的股份，而激励对象实际上不拥有公司的股票，不享有表决权和处置权，仅享有分红权或增值权。虚拟股权可以理解为"账面上的股票"，只是一种账面凭证。

虚拟股权既可以通过分红权、增值权在较长周期内激励员工，又可以避免对公司所有权、控制权的稀释。2021年，任正非持有华为的股权比例进一步降至0.75%，其余99.25%由华为控股有限公司工会委员会持有，但任正非依然是华为的实际控制人。为什么任正非持股比例如此低却依然拥有实际控制权？一方面，华为推行了工会委员会平台持股，实体股东只有任正非一人；另一方面，华为实行的是虚拟股权激励，大量的员工虽然拥有股份，却不具备表决权，丝毫不会导致公司控制权的变更。

虚拟股权的这一优点使其成为非上市公司股权激励的首选模式。实践证明，非上市公司采用"虚股激励＋实股激励"的组合模式是相对科学和可行的，对重点岗位员工采用虚拟股权激励，对少数关键人才采用实股激励，既起到了对员工的长期激励作用，以吸引和留住公司的优秀人才，又避免了公司最高权力的稀释。

晋升：更高的责与权、更多的薪与酬

职位晋升是非常重要的激励机制之一。那么，晋升机制的设计要点有哪些？中恩教育认为，需要设计三张图。

1. 组织架构图

想要职位晋升，必须先有职位，而职位来自组织架构、组织框架。什么是组织架构？它是企业内部分工、协作的基本形式，规定了工作范围、管理对象和上下级的关系，如图7-5所示。

在图7-5中，"财务管理部、战略发展部、行政与人力资源部、审计监察部、IT管理部"是组织架构的主要部分，是企业内部承担某一类职责、工作任务的部门和机构，是"分工、协作"关系的体现；图中的连接线表明了部门和机构之间的管理关系。

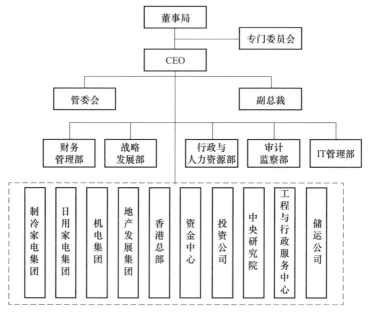

图 7-5 组织架构图示例

2. 岗位架构图

确定了组织架构图,下一步要确定岗位架构图。什么是岗位?岗位是对部门职责进行工作分析后设计出来的,承担某些具体的职责和工作任务的职位。员工职位晋升要落实在岗位上,通过岗位的调动、岗位级别的调整来实现。所以在设计岗位时还要设置清晰的岗位级别,有了级别,才有晋升的空间。

岗位架构图示例如图 7-6 所示。

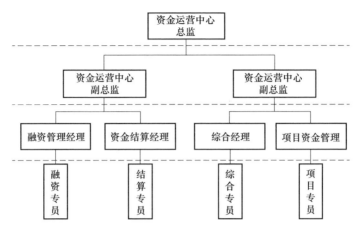

图 7-6 岗位架构图示例

在图 7-6 中,"总监、副总监、经理、专员"是资金运营中心内部岗位,而且体现了岗位级别。岗位设置、级别是晋升机制的前提。

3. 晋升图

组织架构、岗位架构明确后,就可以绘制晋升图。在绘制晋升图前,需要了解职业发展通道的理念和基本做法。职业发展通道可以理解为员工在企业中的晋升通道。在管理实践中,常用的理念和做法是"双通道"模式。该模式主张对各序列岗位设置专业通道和管理通道,有管理潜力的员工可以向上晋升到管理岗位,擅长专业技能的员工可以向上晋级到高技术等级。

"双通道"模式如图 7-7 所示。

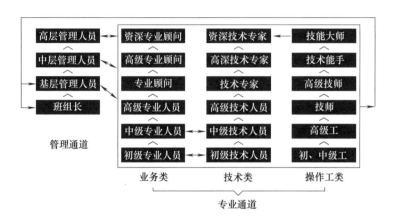

图 7-7 "双通道"模式示例

"双通道"模式是企业建立职业发展通道、晋升通道的常用做法,可以使不同职业类型的员工都能够享有发展空间,可以做到全员激励。

明确发展通道是绘制晋升图的第一步,接下来需要设计、确定晋升规则。晋升规则是员工由低级岗位上升到高级岗位,或者在管理类、专业类转职、转岗的规则。晋升规则是复杂、精细的,但总体上包含绩效和能力两大方面,绩效指的是工作绩效,通常用绩效考核结果来反映;能力指的是胜任力,通常用人才盘点、人才测评来判断。

需要说明的是,晋升要与薪酬关联,每一级都要设置相应的薪酬标准,同时要做到"拉开岗位级别的薪酬差距"。

使用激励机制要做到"两化"

激励的方式多种多样,在实践中应该如何正确使用呢?要知道,很多企业也在采用工资、提成、奖金等方法,效果却并不明显。中恩教育认为,主要原因在于未能做到"两化":组合化、科学化。

组合化。不能单一地使用某一种激励方式(如金钱激励),或者简单地使用某些激励方法,而不注意彼此之间的组合。须知,激励对象即员工的需求是多样化的,而且会随着岗位和能力的变化而变化。新员工需要的是成长,老员工需要的是晋升和提高收入,管理层需要的是更高级别的岗位和更高的收入。在选择激励方法时,要将工资收入、职位晋升、能力成长、股权激励等进行综合运用,而且要通过比例设置、薪酬与绩效联动等方式将各种激励方法有机结合。

科学化。激励机制的设计要做到专业化、科学化,管理者需要能够准确掌握激励方式的适用对象、设计要点、优点作用、不足之处,以及各种激励方式之间的组合要诀,这样才能够真正地建立起有效果的、可落地的激励机制。须知,对激励机制一知半解或设计粗泛,将会降低激励机制的实效。

中恩教育认为,对于管理基础薄弱的民营企业,在使用激励机制时一定要做到组合化、科学化,把激励机制做正确、做精细、做明白，只有如此，激励机制才会发挥出应有的伟力。

正确认知股权激励

股权激励，是为实现公司的长期发展目标而调动有资本、有资源、有智慧、有能力的人像老板一样尽心尽力并与老板共享公司红利的分配机制。

股权激励是薪酬激励的主要方式之一，但与工资、提成、奖金等薪酬模式不同，股权激励所使用的筹码——公司股权，是公司这一组织的生命线，有其特殊之处。股权是有限责任公司或股份有限公司的股东对公司享有的人身和财产权益的综合性权利。具体地讲，股权涉及对公司的所有权及获取公司经济利益的权利。正是因为股权带有公司权利的性质，所以股权激励模式对员工的激励更有深远意义。

股权激励三大价值

股权激励既可以用于内部员工，也可以用于外部合作方。仅就对员工管理而言，股权激励主要有三方面的价值。

1. 从"要我干"到"我要干"，激发工作主动性

员工努力工作、实现业绩从而获得工资、提成、奖金

等，是商业交换的做法，体现的是"雇佣关系"，公司使用员工的时间和能力，员工付出劳动从而获得报酬。在雇佣关系下，员工付出什么样的劳动、怎样付出劳动，是根据公司的要求而做出的，公司"要我干什么"，员工（我）"就干什么"，员工的主动性和积极性并不高。

股权激励可以从根本上改变这一状态。为什么可以？因为股权的特殊性。股权代表了员工对公司的所有权，员工被授予股权，就等于员工成了公司股东，股东身份意味着员工不再只是被雇用的外人，而是成了公司的"主人"。员工成了公司的"主人"，他们便会以主人的身份要求自己、要求他人。此外，员工获得股权往往是要支付资金的，获得股权等同于对公司投资，为了保证、提升投资收益率，员工也必然会对自己提出更高的工作要求、绩效要求。角色的转变和资金的投入两相结合，"要我干"就会转变为"我要干"。

"我要干"会带来什么？会使得员工全身心地投入到工作中，孜孜不倦地追求高绩效、高业绩，像老板一样兢兢业业、尽责尽力。因为，获得了股权，公司即是该员工的事业所在、人生追求所在，也是获得更高收益的最可行途径。

2. 吸引外部优秀人才

拥有股权，可以让获得者拥有多项不同于公司经营管理层的权利,如表决权、分红权、增值权、处置权等。表决权指可以参加公司股东会、董事会,并根据股权占比对公司重大决策行使表决权;分红权指可以依据公司章程、分红协议,按照股权占比获得公司年度净利润;增值权指当股票因公司资产升值等原因价格上涨时,可以享有股票差价带来的增值收益;处置权指股权拥有者有权力处置属于自己的股权,处置方式包含继承、质押、转让、出售等。

可以看出,股权是公司最高级别的权力和权益,这对外部优秀人才无疑具有极大的诱惑力,尤其是当公司有良好的发展前景时,这种诱惑力更大。

外部优秀人才,尤其是外部公司"核心圈"的成员,不仅关注基本的现金收入,更为关注的是能否获得公司重大经营管理事项的决策权,能否实现个人财富的指数级增长,而这种重大的权限和巨量的财富收益,基本上只能靠拥有股权才可以实现。小米董事长雷军在邀请人才加盟公司时,会提出三种薪酬模式让对方选择:第一种模式,全部是现金薪酬,如工资、奖金等;第二种模式,2/3 是现金薪酬,其他为股权;第三种模式,1/3 是现金薪酬,其他为股权。优秀的人才不会选择第一种模式,只会选择可以获得股权的第二种、第三种模式。

此外,相比现金激励,股权激励的方式可以为公司节省大量的成本,减少资金占用。为什么这么说?因为股票分红、增值收益分的不是公司现在的钱,分的是未来的钱、市场的钱，当公司有盈利时才会分配，分的是员工创造的新增收益。

3. 留住优秀人才

"股权激励"被称为"金手铐"，"金"代指丰厚的权益收入，"手铐"代指对人才的约束。"金手铐"是对股权激励能够留住优秀人才的形象说法。

股权激励通过什么留住人才？股权激励模式有"十定"动作——定目的、定模式、定对象、定数量、定来源、定性质、定权力、定条件、定价格、定规则，其中"定条件"包含期限和绩效约束条件。在有效期限方面，股权激励是长周期模式，即在3～10年甚至更长时间周期内实施激励，逐步兑现收益，这意味着股权获得者若在中途离职，那么就会损失一大笔分红收益，而且还可能会失去股票的所有权、处置权，综合损失是比较大的；在绩效约束条件方面，股权获得者想要获得全部的股份、能够分红或享受增值收益，是要以公司、个人的绩效目标达成为前提条件的，不可能直接享有收益。

综合分析各类约束条件，可以看出，股权虽然是最高等级的权力和权益，是"金"，但并不是轻易就可以兑现，而且，也不会在短时间内全部兑现，这就意味着优秀人才一旦拥有了股权激励的资格，就要长时间留在企业、持续奋斗，否则将面临大的损失，而这种损失实际上是可以避免的。

避开股权激励的认知误区

从理论上说,股权的激励力度远超过工资、提成、奖金等薪酬模式,该模式也受到了很多企业老板的青睐。但实际上也存在大量失败的股权激励案例,股权激励模式的实际效果并没有达到老板的期望。这是为什么?从根本上讲,是因为他们并没有真正认识到股权激励发挥作用的原理,在认知上至少存在两大误区。

1. 误区一:夸大股权激励的作用,认为"一股就灵"

一些企业老板认为,授予员工股权使得员工成了公司的股东,而且还可以持续享有公司分红、获得巨额收益,所以只要实施股权激励,授予对象就会被激发出足够大的工作积极性,就会为实现企业的业绩目标努力奋斗。

这是想当然的认识。中恩教育认为,股权激励的本质是授予了激励对象一种"资格",激励对象可以获得权力、享有分红的资格,但拥有资格并不等同于拥有实际结果。也就是说,激励对象拥有了股权,并不意味着必然会获得表决权、必然会获得公司分红,因为最终的结果还受到公司股权结构、盈利能力、组织权力等诸多因素的影响。简而言之,激励对象知道自己有资格获得权益,但是最终能不能获得、能获得多少是不确定的。所以,当考虑那些影响收益的关键因素时,激励对象可能会发现股权的收益其实是低的、不稳定的,而且又是自己无法改变的,在这种情况下，积极性必然会大打折扣。

不确定性是股权激励模式最大的短板。只要认真、负责地工作，基本上就可以获得工资；只要自己努力付出、拿到结果，就可以拿到提成、奖金；但员工努力工作、实现个人的绩效目标，就会获得不菲的公司利润分红吗？不是的，它是不确定的，而不确定性是激励作用的"天敌"，没有多少员工会在不确定的情况下毫无保留地付出。

正因为存在着不确定性，所以股权激励的效果并不尽如人意。因此，企业老板不能过于乐观地相信这一激励模式的有效性，而应该在两个方面下足功夫：其一，做好企业，增强企业发展的确定性，"有了梧桐树，引得凤凰来"，好企业才是最大的激励；其二，充分运用工资、提成、奖金等现金激励方式，持续地让员工真正拿到看得到的收益。

2. 误区二：将员工持股计划与股权激励混淆，不做绩效考核

什么是员工持股计划？就是员工通过出资购买企业部分或全部股票、股权，从而获得企业的所有权，并通过委托第三方来介入企业经营管理的一种模式。

员工持股计划与股权激励有诸多不同之处，最大的不同在于员工持股计划的重要目的是让员工成为企业的股东，享有股东的权力和经济收益，而不是为了对员工实施激励。

员工持股计划方案并不强制要求对持股员工设定绩效目标,员工只要持有企业股份就可以享有分红。

股权激励必须对激励对象设定绩效目标,当绩效目标未实现时,激励对象不能获得股权,或者不能够享有分红、获得增值收益。这里的绩效目标包含两个层面的绩效要求:企业层面和个人层面。企业层面的绩效目标涉及营业收入、利润率、净资产收益率及相关指标的增长率等;个人层面的绩效目标是基于岗位职责而设定的绩效要求。客观地说,没有绩效目标就等于没有股权激励,绩效目标是股权激励的核心所在。

为什么有些企业的股权激励带不来预期的业绩?那是因为企业误把"员工持股计划"当作了股权激励,以为给员工分了股,就是实施了股权激励,而没有去做目标管理、绩效考核。这样的股权激励会让员工对企业感到满意,但不会让其产生足够的积极性,持股员工只会等着到年底"分蛋糕",而没有充足的动力去"做蛋糕"。

当然,除了认知层面存在误区外,操作层面的不当设计、老板格局的狭小也都会导致股权激励的失败。

有效股权激励有三大前提条件

股权激励的有效性是企业老板关心的课题。如何做到有效?

很多老板非常关心"如何设计股权激励":激励哪些

人?采用什么模式?授予多少股份?如何定价?多长时间兑现?收益是多少?如何退出?他们认为这些问题解决了,股权激励方案必然是有效的。中恩教育认为,这不是正确的做法,方案的操作设计是重要的,但不是第一位要考虑的。实行股权激励,首先要考虑的是"该不该"做股权激励。

"该不该做"才是决定股权激励有效性的根本。在不应该实行股权激励时却因为主观相信该模式的有效性而去做,最终肯定会失败,而失败的结果很可能是人才流失、人心离散、团队战斗力下降、业绩大幅度下滑,老板"赔了夫人又折兵",企业也伤筋动骨。股权激励失败的危害性远大于现金激励。

那么,什么情况下可以做股权激励,而且成功率比较高呢?中恩教育认为,至少要有以下三个方面的前提条件。

1. 公司有前景

如前文所述,股权激励本质上是激励对象可以获得权益的一种"资格"。在"资格"与"结果"之间还存在很多影响因素,在这些影响因素中,最根本的是公司是否有良好的发展前景。为什么这是根本因素?因为企业有没有发展前景,基本上决定了企业能不能分红、能不能有较多的分红,而这是激励对象最为看重的。看不到有较大收益的可能性，激励对象就会对股权激励失去兴趣。

可能有些老板认为：企业的发展前景并不明朗，所以才要给予员工股权，激励他们为企业创造出高业绩、好前景。但实际情况并不尽如老板所想。对于企业非"核心圈"的激励对象，他们很可能不认为自己努力付出就能让企业有更好的发展，因为他们没有直接影响企业发展前景的权力；对于企业"核心圈"的激励对象，可能会比较有积极性，因为他们能够影响公司的发展前景，但依然存在着一个"不确定"因素：老板。如果老板不具备卓越的经营管理能力，那么"核心圈"的激励对象在一定程度上也会丧失信心。这些现象意味着，通过授予股权激励员工为企业创造出好前景是有现实难度的。

如何让企业有前景？最根本的就是以老板为代表的决策层要有高增长思维，有能力让企业走上发展前景看好的"赛道"，这是重大前提。

2. 组织有能力

"组织有能力"可以让企业的前景展望有变成现实的可能性。企业有好的发展前景，是降低股权激励不确定性的第一步，企业还需要通过组织能力让这种不确定性继续降低，让激励对象感知到：企业的组织能力是可以保障企业实现发展目标的，企业是可以持续盈利的。做到这种程度，激励对象便不再会对企业的发展前景有明显的不信任感，工作的主动性、积极性才能够被充分地调动起来。

如何让组织有能力？中恩教育认为，组织能力来源于文化、人才、机制和制度。企业选用"对的人"，关键岗位上有合适的人，有正向、向善、积极奋斗的文化体系和精神契约，有战略、产品、培训、激励等方面的驱动性机制，也有职业化、规范化的制度约束，这样的企业内在能力必然是充足的，必然能够支撑企业的增长和发展目标。

组织有能力，企业增长和盈利就有了保障。在这种情况下，若激励对象仍然兴趣不大，那么便是股权激励方案本身的问题了，老板这个时候就可以去考虑"如何设计股权激励"了。

3. 老板有格局

实施过股权激励的企业都明白这么一个道理：老板的格局是影响股权激励方案实施效果的关键因素。老板格局小，不懂得驾驭人性，过于看重个人利益，那么股权激励方案必定是让人不感兴趣的，甚至是让人失望、寒心的。对不应该激励的人员给予过高的股份份额、设定的绩效目标难以实现、权益兑现的期限过长、不愿意按照预先确定的协议分红等，都会让人才对企业丧失信心，甚至离心离德，产生反感。

实施股权激励，让渡企业股权和利润，老板必须有格局，要舍得给、愿意给、真心给。要为了企业的发展、为了员工有更好的未来去做股权激励,要把人的发展和企业的发展都作为目的,而不是只考虑企业目标而给员工"画大饼"、做空头承诺。

老板格局小,把员工当成工具,想给股权,又处处设限,不愿真心分红,那就不要做股权激励了。

CHAPTER 8

第 8 章

执行机制
强化管理、拿到成果

企业有了执行机制,增长的结果才有可能成为现实。

——张致铭

一个企业的成功，30%在于有科学的战略规划，20%在于外部政商环境给予的发展机遇，而50%在于企业具备超强的执行力！企业是行动的组织，唯有行动才可以带来结果。业绩是做出来的，市场是打出来的。

"一流的点子加上三流的执行水平与三流的点子加上一流的执行水平，选择哪一个？"相信绝大多数企业老板都会选择后者。为什么？因为只有执行了才会有结果。有了执行力，企业的愿景蓝图、战略目标、业绩增长目标才会真正实现；有了执行力，企业的重大决策、重要举措才会真正落地。

华为总裁任正非说：没有执行力，一切都是空谈。增长规律、一切机制都必须落到执行上。

到底是什么影响了执行力

执行力低下是"痛症"，绝大多数中小民营企业老板都在或者都曾经为"如何提升员工的执行力"而忧心劳神。那么，"执行力低下"到底是怎么一回事？

执行力低下的典型表现

中小民营企业"执行力低下"有很多症状表象，但真正让老板感到困扰的主要有以下三种症状。

1. 时效性差

时效性关注的是速度、效率。就是看能不能快速完成任务，或者至少是在规定的时间期限内是否能够完成任务。通俗地说，时效性指的是"干得快不快"。

时效性差是最为常见的执行力问题，有以下典型表现：

- 接受任务后，迟迟不见行动。
- 推进工作迟缓，甚至不能保持正常的进度水平。
- 经常性地延期，不能按计划完成任务。
- 选择性地执行一些工作任务，而忽略被安排的其他工作。
- 不能严格地贯彻执行发布的制度、流程。

……

2. 成效性差

成效性关注的是工作任务的质量、效果。虽然工作任务在规定时间内完成，但是否能够实现既定的目标，能否产生预期的效果，是执行工作任务的根本。通俗地说，成效性指的是"干得好不好"。

成效性差有以下典型表现：

- 做了一部分，但是半途而废，没有了下文。
- 做了工作，但是没有产出结果，"有苦劳、无功劳"。

- 完成了工作任务,但是没有做到位,导致结果没能达到预期。
- 完成了工作任务,但实现的目标不是公司或上级领导想要的,方向偏了。

……

3. 责任心差

责任心差指的是投入度低,在完成工作任务的时效性、成效性方面没有尽心尽责、全力投入。通俗地说,责任心指的就是"有没有好好干"。

责任心差有以下典型表现:

- 不认真,持有"差不多"的心态,缺乏精益求精的精神。
- 不负责任,"糊弄"他人。
- 被动应付差事。

……

对于工作的执行人,能力不足会影响执行的效率和质量,但相较而言,责任心差是更为重要的影响因素。能力不足可以通过培养来弥补,通过一定的时间一般是可以将能力不足的人培养成才的;但责任心差是态度问题,态度问题是根本问题,态度不端正的员工,无论能力强弱,皆是不能重用之人。

影响执行力的三层面要素

进一步分析造成"执行力低下"的原因,可以归纳出影响执行力的主要因素,这些要素总体上分为以下三个层面。

1. 员工层面

员工是执行工作任务的直接责任人,必然地,员工是造成执行力问题的首要因素。那么,员工的哪些不足导致了执行力低下?主要有两个方面:能力不足和态度不端正,缺乏正向和负向激励。

(1)能力不足和态度不端正。能力不足和态度不端正会直接降低执行力,但最主要的还是员工态度的问题,责任心缺乏、积极性不高影响了任务的推进进度和实际结果。

责任心强、积极性高,员工自然会做到:

- 接到任务就立即安排、规划和执行。
- 想方设法克服困难,或者抓紧学习提升能力,或者借用外力消除障碍。
- 在计划的时间内拿到成果,而且是上级想要的成果。
- 不懈怠、不糊弄、不会持有"差不多"心态。

责任心差、积极性低的员工,很可能会不那么重视被安排的工作任务,进而不认真推进工作事项,结果导致执行的时效性差、成效性差。

（2）缺乏正向和负向激励。员工态度出现问题，既有员工本人职业化素养偏低的因素，也有员工意愿度不高的因素。如果员工因为种种原因并不是很想接受某项工作任务，在接受之后内心便会抱有排斥的心态，不愿意认真对待和执行。从管理实践上看，所执行工作与员工的收入没有太大关联是原因之一，员工未受到正向的激励和负向的处罚，员工认为"干得好也没什么好处，干得不好也没什么坏处"，久而久之，员工的懈怠、非职业化行为便会滋生蔓延。

如果执行力出了问题，首先需要从员工身上查找问题，从员工这里获取改善、改进的机会。

2. 管理者层面

近些年来，管理者及领导者对员工执行力的影响越来越被充分认识到，甚至有一种观点认为：员工执行力差的根源不是员工，而是管理者。这一观点略有些偏激，但是也反映出了管理者层面的重要影响。

通常来说，管理者层面影响执行力的因素主要有以下三个。

（1）交代不清晰。这指的是管理者在安排工作任务时，没有说清楚"要做的是什么事""要达到什么目标"，只是大概、粗略地对事情做了说明，具体要求和目标都不清晰。

曾经有个观点很流行：只交代一遍。如果员工不能准确领会领导的意思，不能努力拿到结果，就被认为是执行力差。但是，真的是这样吗？领导只交代一遍，员工就能收集到领导想要的各种信息，快速完成任务，这样的员工执行力是很强，但客观地说，这样的员工相对偏少，而且多见于有经验的老员工。这类员工可以利用积累的经验来保障执行力，而对于那些经验不足、自我成长缓慢的员工，该怎么办？要知道，这类员工并不是少数。管理者要把任务的要求和目标交代清楚，这样，即使是经验不足的新手，执行力也会提高不少。

在日本企业，领导给员工布置工作时，规范的做法是交代五遍：

第一遍：告诉员工需要做什么。

第二遍：让员工重复一遍。

第三遍：告诉员工做这件事的目的是什么。

第四遍：让员工知道遇到意外该怎么处理。

第五遍：问员工对这件事的想法和建议。

交代五遍，是对各类能力素质的员工都适用、都起作用的工作安排方式。交代五遍，"要做的事情是什么""注意事项是什么""目的是什么"都说明得很清晰，这就从源头上保证了执行的效果，因为这样可以避免因理解有偏差而导致执行过程中出现过失错误、方向偏离等风险。

（2）过程中不管理。领导安排了工作、交代了任务，之后对任务执行人的工作过程不关注，直到目标日期临近时才去过问。

这一现象常发生在两种情形中。其一，充分授权。领导为了用好某一优秀人才，对其充分授权，不干预、不过问他的工作过程和绩效结果；其二，领导无意识。领导认为事情并不重要或紧急，员工只管去做即可，主观上认为不会发生什么问题。

但是，从实践上看，这样的工作安排的结果并不尽如预期。除少数职业化程度高、职业能力强的人才外，大多数员工在不被上级关注的情况下，工作执行效果是会打折扣的。这是人性，人容易怠惰，难以持续性地保持勤勉、认真的状态；人有思想自由愿望，会不可避免地把很多的个人理解、个人理念带入到工作中，这些都会给任务的执行效果带来不确定性。

所以，在通常情况下，上级管理者在布置过工作任务后，需要对员工的执行过程、关键节点进行管理，要做沟通和管控。通过沟通，一方面可以了解执行人的执行进度和节奏，另一方面可以给执行人提供支持，帮助其推进工作进程；通过管控，对执行人工作计划的执行尤其是关键节点的执行情况进行检查，并对不合规行为给予督导、纠偏，可以保障过程不失控。

（3）事后无处置。对于管理规范程度相对不高的企业,"事后无处置"也是较为常见的现象。对于到期任务是否完成、完成结果是否达到预期,上级管理者、领导者通常会提出看法,并表扬、赞扬或批评员工,但这些表扬、批评多流于口头层面,对执行人的影响仅限于心理感受,缺乏实质性刺激。没有切实的处置、刺激,长此以往,员工必然会产生懈怠。

那么,应该怎么处置?一般来说,可以采用物质奖罚、指导改进两项措施。通过物质奖罚,即金钱的增加或减少让员工切实感受到"干得好有好处,干得不好有损失",以引起员工的高度重视,从而优化职业态度,提升工作责任心和投入度;通过指导改进,上级管理者指出员工执行中的不足,并提出改进方向,帮助其落实改进措施,以真正提升执行力。

3. 组织层面

员工有能力、有态度,管理者交代清晰、及时沟通和提供帮助,是不是执行就没有什么大的问题了?从实践上看,并不是这样。实际情况是:组织内部的管理环境有时会阻碍员工对工作的执行。这是很多组织管理体系不成熟、不规范的企业经常出现的现象。

那么,组织层面影响执行力的因素主要有哪些呢?

(1)组织的协作性。协作障碍是影响执行力的首要因素,尤其是对于跨部门的工作任务,该类工作任务难以执行到底的主要原因就是组织协作问题。其他部门不配合、不支持，或者没有积极地配合、支持，都会使工作任务中的某一阶段性工作被耽搁、悬置，而任务执行人又缺乏权限推进、协调，任务执行的时效性必然下降。

协作障碍是组织层面影响执行力最为常见的因素。

（2）流程的规范性。流程指的是能够实现目标的工作程序和规范要求，通俗地理解就是高效、合理地推进工作的顺序和步骤。有顺序、有步骤是效率的代名词，尤其是在企业内部，各类任务、事项繁杂多样，如果没有合理、规范的流程，则工作行为基本上是"一团乱麻"，只会带来混乱和低效。为什么有些企业的员工执行力普遍较差呢？除了协作问题，还有就是流程的缺失或者不合理，不合理包含不顺畅、环节多、彼此不衔接、存在冲突等。

（3）责权的规范性。责权不规范会影响企业整体的执行效率。责权不规范包含两个方面。其一，长期以来职责不清晰。企业定岗而不定责，岗位职责设置较为随意，虽然可以灵活用人，但客观上给职责的履行带来了混乱，因为"具体要做什么、由谁来做"是模糊的，这会影响执行人的重视程度和目标感；其二，权限与职责不匹配。通常表现为"有责而无权"，遇到需要协调或指挥的事项时，因为没有权限而难以调动资源，难以推进，这也是影响执行力的因素之一。

（4）文化氛围。企业是否塑造了"高绩效导向""结果导向"的企业文化会对企业的执行力产生重要影响。没有重视执行、重视结果的企业文化，整个组织便不会从思想意识上认识到执行过程中时效性、成效性的必要性和重要性，也就很可能会抱着"差不多"的心态，抱着"任务导向"的理念做事情。不良的企业文化，是滋生"执行力低下"问题的"温床"。

员工执行力管理的主题

人的因素、工作管理的因素、组织环境的因素是影响员工执行力的三大方面。其中，人的因素可以通过人才机制、培训机制来提升，组织环境的因素可以通过组织设计来完善。员工执行力管理的主题，重点在于如何对工作任务的执行全过程进行管理，如何影响执行人，核心是解决员工的如下问题：

- 不知道要干什么。
- 不知道怎么干。
- 遇到困难不知道怎么解决。
- 不知道干好了有什么好处。
- 知道干不好也没什么坏处。

"干什么、干成什么、怎么干、过程如何管控、遇到困难如何解决、实现目标有收益、达不成目标有处置"是对执行过程进行管理的主线，是执行机制的主题。

如何打造执行机制

执行机制是对执行全过程进行管理的方式。打造执行机制的重点是针对执行过程中的关键动作设定机制。如何设计有效的执行机制？中恩教育认为，其核心在于做好"一项前提、五大要点"。

战略清晰是高效执行的前提

战略和执行，哪一个更为重要？简而言之，它们对于企业的生存与发展都很重要，哪一个出现重大问题，都会给企业带来覆顶之灾。战略和执行的关系，是先后顺序的关系，战略是执行的前提。

可能会有企业老板问：员工提高执行力需要以战略为前提吗？中恩教育认为，对于基层员工、基层管理者来说，战略的前提价值不是很明显，但对于中高层管理者及企业老板，战略是执行机制非常重要的必要前提。战略是执行机制最重要的目的和导向。

单一看待某一项工作任务的执行情况，价值意义很有限，要站在企业整体的角度来看待执行力。提高执行力的目的是什么？是践行战略规划和措施，实现企业的战略目标，获得企业的高增长和持续发展，这是企业的根本追求。

企业内部如此众多的工作任务是从哪里来的？是战略规划和措施从上到下层层分解得出的。战略目标是所有工作行为的"灯塔"，有效的执行机制必须以战略为前提。

以战略为前提构建执行机制需要做到"三个清晰"。为什么要强调"清晰"？"目标不清晰""不知道干什么""不知道干成什么"是执行力低下的主要原因之一。作为源头的战略，如果自身模糊，由此产生的各项工作任务及其目标要求都同样会是模糊的。"不清晰"只会让执行无所适从。

战略要在以下三个方面做到清晰。

1. 描述清晰

"描述清晰"指的是要将战略内涵说清楚，让企业全体员工都可以清晰地知道公司的战略是什么。

战略的主要内涵包含企业愿景、战略目标、战略取舍、战略方向、战略规划等方面。企业的愿景是什么？企业的定位是什么？选择什么"赛道"？是成为地区行业的第一，还是成为全国行业的第一？为了实现愿景目标，需要实施哪些关键举措？为什么要实施这些举措？这些内容不仅需要"核心圈"成员透彻理解，更需要全体员工了解和理解。

为什么要描述清晰？把战略描述清晰，才能保证执行正确：

- 战略清晰，员工会对企业有信心，会自觉改善职业态度。
- 战略清晰，员工对战略的理解会更准确，战略执行偏离方向的风险就会更低。
- 战略清晰，员工会更积极拥护、支持公司制定的重大决策，以及下达的重点工作任务安排。
- 战略清晰，员工会更容易理解自己的岗位职责、工作任务的价值和目的。

思想认知是行为的前提。认知到位、思想重视，行为自然相应会与之匹配。现实中为什么一些执行人对上级安排的工作任务推行缓慢？思想上的不重视是主要原因。员工对公司的战略决定不理解，因而引发不了其态度上的转变，主观地认为那些事情不紧急，然后在日复一日的工作中将其淡化、选择性遗忘，也就无法做到"要事第一"。

对战略做到认知清晰，才有可能树立起"要事第一"的思想，才会将上级安排的事项当作优先任务首先推进。

2. 衡量清晰

"衡量清晰"指的是战略要有可量化、可衡量的具体目标值，不能仅仅是定性描述。

在前文中我们谈到，"交代不清晰"是造成员工执行力低下的主要原因之一，而交代不清晰的典型表现就是未表达清楚"要做的是什么事""要达到什么目标"。描述清晰回答的是"要做的是什么事",衡量清晰回答的是"要达到什么目标"。

不论是在理论上,还是在实践中,人们都承认一个基本定理:目标是一切行动的出发点。有了目标,才有行动。对公司的战略目标清晰描述,是通过让员工明确工作方向来增强执行力,而唯有目标清晰,才可以让员工真正知道"工作要做到什么程度""要产出什么具体的成果",而且企业也可以通过量化目标体系来管理员工的实际工作结果,如此,员工的执行力就有了明确的结果要求,就可以避免"差不多"行为。可以说,战略目标清晰是"战略清晰是高效执行的前提"这一观点的主要内涵。

如何做到战略目标清晰?中恩教育认为,有两个层面的要求。其一,目标要可量化,要用数字客观地表示。不同于文字,数字是固定的,"是什么就是什么",直接明了,不会存在理解偏差,进而不会导致执行偏差;其二,战略目标之间的逻辑关系要清晰、正确。这指的是什么?"战略机制"一章中提到,战略目标包含八个方面:销售额、利润率、市场布局、行业规模、销售链、营销链、人才链、管理链。目标要清晰、可量化,不仅是指某一个指标的目标需要量化、清晰,还要求八个方面目标的逻辑关系、数字核算关系要科学、正确。这样的目标体系才是合理的,因为战略目标体系中的各目标间是互相支持的关系,管理链支持人才链、营销链、销售链,营销链、销售链支持行业规模、市场布局,进而支持销售额、利润率。当各个方面的目标相互支持时,企业整体的战略才有实现的可能性,这样的战略目标对各项工作任务的指导才会更科学、更有效。

3. 实施计划清晰

战略不能成为"空中楼阁",战略目标明确之后,需要制订实施计划来推进其落地,否则战略就变成了"一纸空文"。缺乏实施计划,即便战略"描述清晰""衡量清晰",员工清楚公司的战略是什么、目标要求是什么,也深刻地理解自身职责的重要性,但是这种理解始终是间接的、模糊的。中间缺的是什么?缺的是战略的实施计划。

实施计划指的是为了推动公司战略目标的实现,需要在对应的职能领域开展哪些工作,这些工作如何在规定的时间内一步步完成。战略目标包含八个方面,每一方面的目标要如何实现?这就需要针对每一个目标制订具体的、起保障作用的实施计划。例如,假设某公司的战略目标是"在三年内实现年度营收突破 5 亿元",这就需要开设五家直营店。如何做到"三年内开设五家直营店"呢?这就需要在门店开拓规划、资金筹措、人才储备、门店管理等多个方面制定关键推进措施,制订租赁门店、对外融资、管理岗培训、管理升级等工作任务的时间计划。例如,要于下一年度第三季度在市区某一商圈租下面积达 300 平方米的街边商铺，在本年度末遴选 5～8 名储备店长进行专项培训及轮岗锻炼，在下一年度前三个季度聘请信息技术公司建设直营店运营管理信息系统等。

站在战略管理的角度来看，实施计划是连接战略目标与绩效结果的"桥梁"，是战略执行的主要内容。站在员工工作的角度来看，战略实施计划是员工工作内容的主要来源：一方面，实施计划安排的工作本身就是员工要执行的工作；另一方面，根据实施计划可以推导出次一级的、更为具体的工作，这些工作会根据岗位职责，归责、分配给相应的员工。

实施计划清晰就意味着战略目标对员工工作的要求是清晰、明确的，"战略不清晰"将不再是员工执行力低下的原因，战略成了执行力提升的助力因素。

高效执行管理的五大要点

"战略"这一前提确定后，围绕着执行力的打造和提升，就是"执行全过程管理"这一主题了。高效执行管理有五大要点。

1. 目标清晰

"目标清晰"解决的是"干什么""干成什么"的问题，这两个问题是"执行全过程管理"的起点。

"干什么"的内容，一方面基于战略，另一方面基于部门职责、岗位职责的工作安排。中恩教育认为，员工的工作任务总体上可以分为两大类：突破性工作、日常性工作。突破性工作主要指的是基于战略规划和年度经营计划，以实现经营目标、提高经营管理效能为目的的非常规工作任务；日常性工作主要指的是基于部门职责、岗位职责要求的常规例行性工作。无论是突破性工作，还是日常性工作，均需要做到"目标清晰"。

那么，如何做到"目标清晰"？除了要与战略一致之外，还需要符合 SMART 原则。SMART 原则是目标管理最基本的要求，回答的是"干成什么"。

SMART 原则有五项具体要求：

- S 代表具体的（specific），指的是要用具体的语言清楚地说明要达到的行为标准，不能笼统。
- M 代表可衡量的（measurable），指的是目标应该是明确的，而不是模糊的，应该有一组明确的数据指标作为衡量是否达成目标的依据。
- A 代表可达到的（attainable），指的是目标在执行人付出努力的情况下是可以达到的，避免设立过高或过低的目标。
- R 代表具有相关性（relevant），指的是目标必须和其他目标具有相关性，如果一个目标虽然实现了，但与其他目标完全不相关，或者相关度很低，那么这个目标对整体结果的意义也就不是很大。

- T 代表有时间界限（time-based），指的是目标必须具有明确的截止期限。

例如，在本年度 12 月 31 日前，某位员工需在每一个工作周内发表 2 篇原创文章，文章主题为人才培养，每篇文章字数不低于 2000 字，每月增加粉丝数不低于 1000 个，实现阅读量累计总和超过 1 万次。这一例子中，"发表原创文章""增加粉丝""实现阅读量"等都是具体的任务，且具有相关性；例子中的具体数值是可衡量的，也是可以达到的；"本年度 12 月 31 日前""每一个工作周"体现了时间界限。

可以看出，按照 SMART 原则制定的工作目标是具有充分的科学性和合理性的，基本上解决了上级安排具体工作时"交代不清晰"的问题，较为完美地回答了"干成什么"。

"干成什么"清晰了，员工执行力在认知层面便不再存在问题了。

2. 制定措施

"制定措施"解决的是"怎么干"的问题。

工作任务、任务目标清晰了，便要考虑怎么才能干成。这时就需要制定措施。须知，"目标如果不转化为关键行动措施，完成目标就是一句空话"。措施指的是完成任务、达成目标的策略、方法和标准行为规范。企业内部的工作措施总体上分为策略和流程两大类，经营类工作的措施适用策略，运营类工作的措施适用流程。

（1）策略。经营类工作指的是制定战略规划、扩大市场份额、开发新市场等工作，这类工作具有明显的不确定性、非常规性的特点，可直接复制使用的方法并不多。为了达成经营类工作的目标，经常要求思考、使用一些策略方法。例如，在战略层面，为了赢得市场，可以采用"总成本领先战略""差异化战略"或"集中化战略"，这些战略就可以理解为一种策略；在战术层面，如为了占领市场份额，华为采用了"农村包围城市"的方法；OPPO、vivo两家手机厂商采用了渠道下沉、主打广告宣传的方法，这些方法就是策略的体现。

策略对达成经营目标的重要性毋庸置疑。因此，针对经营类工作的安排，上级与任务执行人之间要就策略进行充分的沟通，同时要注意以下细节：

- 上级不应该一味要求业绩，而从不在策略上提供帮助。
- 公司不仅要提供策略帮助，还要提供资源、运营、管理等方面的支持，不能把目标完全压给执行人。
- 上级要与下级在策略上达成共识。

须知,为了提升经营类工作的执行力,公司不能仅仅是压指标、压目标、要结果,要提供足够的支持。

(2)流程。运营类工作指的是按照规范的流程和行为标准展开的常规性工作,如人力资源管理、财务管理、生产作业管理、品质管理等方面涉及的基础性、操作性的工作。策略不是影响该类工作执行力的关键因素,高效的流程才是。如果流程完备、流畅、效率高,彼此之间相互配合,那么这类工作的执行力便会明显提高。

企业需要建立标准作业程序(SOP)。SOP是将某项工作的操作步骤、每个步骤的操作要求都清晰、规范地描述和界定出来,形成标准化的作业流程,之后就按照该作业流程执行该项工作。标准作业程序至少要包括以下要点:

- 明确目的。明确该项工作要实现的目标、目的是什么,将此作为流程建设、优化的依据。
- 优化环节。工作步骤及流程环节的数量应该是越少越好,数量少意味着流转速度快、所用时间短,这样效率就会高。
- 明确行为规范。对于每个工作步骤,"应该做什么、什么时候做、怎么做、做出什么结果"都需要通过语言客观、准确地表达出来,而且对于行为结果,要尽可能地用数字来表示。
- 明确责任主体。明确每个工作步骤的第一责任人是谁、支持者是谁,以及审核、审批人是谁,要对责任进行清晰划分。
- 配置表单。通过使用管理表单,可以将工作规范要求全面、准确地反映出来,这样就可以降低工作中的随意性,提高准确度。

SOP 是运营类工作提升操作效率的法宝。

中恩教育认为,总体上,企业需要编制"两本书":一本是"红皮书",即"作战指导纲领",就是经营类工作的实施策略;另一本是"蓝皮书",即"标准作业程序",就是运营类工作的实施流程。编制这"两本书",并按照书中的要求执行任务,员工的执行力在操作层面的效率便会得到明显提升,而不会再因为个人能力的不足、组织环境的不匹配而导致执行力下降。

3. 过程管控

"过程管控"解决的是"过程如何管控、遇到困难如何解决"的问题。

"管控"是管理的又一项主要职能,其目的在于保证资源的使用、任务的推进是符合要求的,保障目标得以实现。管控一般分为事前、事中、事后三阶段管控。"目标清晰""制定措施"本质上是"事前管控"的体现,而"过程管控"是"事中管控",是对工作任务推进过程中的表现进行管理、控制和规范。

如前文所述,在企业管理实践中,上级交代了工作任务后就不闻不问,其结果往往是执行失控,执行人不能按时、保质达成目标,这是常见的现象。放养式的管理风格必然导致混乱,必然影响结果的产出。过程管控是必要的。

那么,如何实施过程管控呢?最直接有效的过程管控方式就是检查,检查执行人的工作情况,并根据工作表现进行沟通和处置。

检查毕竟是带有控制色彩的,如何通过检查让员工提高执行力,而又能减少抵触呢?中恩教育认为,有效的检查要做到以下五点。

(1)统一认知。检查人、被检查人要对检查事项达成共识:检查是必要的,检查对公司、对员工都是有利的,不存在害处。

管理实践证明,"没有检查便没有执行力""检查哪里,哪里就有执行力"。绩效考核理论认为:"考核什么,员工就关注什么。"检查,本质上是绩效考核的方式之一,检查员工工作执行的时效性、成效性,判断员工的责任心,其实就是在给员工做考核评价。检查员工工作,员工就会更为关注自己工作的执行情况,从而提高责任心和投入度。检查,是让成果提前达成的有效方式,是提高执行力的不二法门。

此外,虽然检查带有一定的考核、管控色彩,但检查不是为了处罚员工。对于上级来说，检查是为了了解工作任务的执行情况，便于掌握信息，及时纠偏；对于执行人来说，检查是有效的提醒、督促和协助，执行人根据提醒及时推进工作、自我优化、提高工作效率，自然不会受到处罚。

在实施常态化检查前，企业需要进行必要的理念培训，让全员明白"检查是需要有的""检查是对工作推进的有益管理，是正向积极的"。

（2）明确检查对象。检查谁？可能有些老板会很自然地认为，当然是检查员工，因为员工是执行工作的主要责任人。这种观点是有待商榷的。

对于某一项特定的工作任务，自然要检查执行人。但是，站在公司整体的角度，应该检查谁呢？中恩教育认为，应该重点检查干部和中高层管理者。

中层管理干部是企业的"腰部力量"，承担着管理员工、组织员工完成上级安排的工作任务的重任，是基层员工的直接领导者，是员工执行力的核心影响因素；高层管理干部是企业的决策层，是分管职能领域的决策者，是中层干部、基层员工的工作任务的来源地，是中基层人员执行力的管理者。可以说，在执行力管理方面，中高层管理干部是"牛鼻子"人员。检查员工，不如检查管理干部；管住了管理干部，也就管住了全体员工的执行力。

有些企业存在这样一种现象，即"上松下紧"，也就是对基层员工管束过多，对管理层不怎么管理和要求。这是一种错误的做法。企业领导层想当然地认为，员工是工作任务的执行主体，因此需要重点检查。殊不知，不检查管理干部、不管理中高层人员，是根本管理不好基层员工的，对基层员工的检查也只会停留在检查、知晓层面，难以发挥真正的提醒、督促、帮助的作用。因为，检查不触及管理层，作为其下级的员工是很难被真正影响的。

管理层是"将"，员工是"兵"，治兵先治将。不治将而治兵，是"头疼医头、脚疼医脚"的做法，治标不治本。

（3）明确检查内容。检查什么？要检查以下三方面的内容。

1）检查"做了没"，指的是检查执行人是否按照工作计划快速启动了该项工作任务，是否持续在做。对这方面的检查要解决以下三个问题：

- 接收到了上级安排的工作任务，但是迟迟未开展。
- 启动了工作任务，但是推进得很慢，工作事项推进的总是比预计的时间节点晚。
- 中途停止，未能持续推进，将工作任务"不了了之"。

对执行人"做了没"进行检查，是检查工作的基本作用，是在最基本的层面上对执行进行管理。

2）检查"做到位没"，指的是检查执行人的工作推进是否实现了既定的目标，是否达到了预期效果。"做到位"是执行力的最终要求，员工不能"为做而做"，要为实现预期目标而推进工作。对这方面的检查要解决以下三个问题：

- 虽然在推进工作任务，但只是关心时效性，而不关心工作的成效性。
- 抱着"差不多"的想法，工作结果只做到六七分程度，达不到九分或十分。
- 工作有结果，但没有产生预期的效果，工作任务的价值感较弱。

工作任务按照时间计划推进了，但是若没有"做到位"，就等同于"没有做"。

3）检查"遇到了什么困难"。检查者和上级管理者要认识到，工作推进缓慢是有多方面原因的，既有执行人自身的问题，也有外在环境的影响和制约。检查者需要问询执行人在推进过程中遇到了什么困难，并及时给予协助，同时及时向上级反映，以帮助执行人解决困难。

如前文所述，检查和处罚不是目的。如果在检查的过程中发现了阻碍执行的因素，要及时协助解决，解决问题、推进执行才是目的。

（4）确定检查时间。不能到最后的截止时间时才做检查，而要贯穿工作执行的全过程。但是，也不能时时刻刻都在做检查，检查过多会干扰执行人的正常工作安排。合理的检查时间是根据工作计划的安排而定的。在管理实践中，一般在节点时刻做检查是比较合适的。

节点，通俗地理解，就是工作任务的每一个工作事项的预计完成时间。假设完成某一项工作任务需要做若干个工作事项，每一个工作事项都规定了预计完成时间，这个"预计完成时间"就是节点时刻。可以看出，一项工作任务会有很多个节点时刻，那么，就需要在多个节点时刻进行检查。这是非常必要的，不能在最后时刻才做检查，也尽量不在事项推进的过程中做检查，以免产生不必要的干扰。"预计完成时间"是相对合理的检查时间。

当然，上述做法也可以灵活调整。例如，不必在每一个工作事项的节点做检查，而是要根据事项的重要性，在较为重要的事项的"预计完成时间"进行检查。而且，也要关注整个工作任务的启动时间和结束时间。

对于常规性的、非计划性的工作任务，检查时间可以结合检查方式来确定。

（5）选择检查方式。采用什么方式来对执行人的执行行为、结果做检查？分析对比各种检查方式，最为方便快捷的就是"会议"。

如何通过"会议"做检查？要点在于做到"四会""四看"和"四定"。

- "四会":(日)早会、(日)夕会、周会、月会。
- "四看":看目标、看达标、看节奏、看成果。
- "四定":定时、定点、定人、定责。

怎么使用?"四会"和"四看"是重点,通过早会、夕会、周会、月会来分别确定工作任务的目标,把握工作任务的推进进度,关注工作任务对目标的实现情况,检查工作任务的最终成果。"四会"和"四看"的结合,把执行全过程的关键要素,如目标、计划、进度、过程、结果等全部进行了管理和检查,是行之有效、简易方便的检查方式。

会议怎么召开?需要"四定",要确定会议的召开时间、地点、参与人、组织人和责任人,通过"四定"来保证早会、夕会、周会、月会的正常召开。

4. 拿到成果

"拿到成果"是"干什么、干成什么"最根本的要求,是对员工执行力的最终检验。执行的唯一目的是"拿到成果"。

什么是成果?成果就是好的结果,达到了预期的目标和目的。任何工作任务都要以实现既定的目标为出发点和归宿,达不成目标的执行是没有实际意义的。

有这么个案例:

一位老板在开会的过程中发现白板笔没有油了,就向小王交代了个事情:"小王,去超市给我买一支白板笔回来。"小王接到这个指令以后,立马就跑到公司楼下的小超市,结果发现没有白板笔,于是就回到了公司。老板问:"买回来了吗?"小王回答:"没有。"老板就发火了:"没有?你跑回来干吗?"小王说:"我也没办法啊!你让我去买,我不是没去买,我执行了要求,但是店里没有白板笔,我能怎么办!"

在这个案例中,小王的执行效率不可谓不高,接到指令后马上就跑到超市去买了。但是没有买到白板笔,这种高效的执行有什么意义呢?显然是没有意义的。

为什么小王会对老板说"我执行了要求,但是店里没有白板笔,我能怎么办"?主要原因就在于小王缺乏"成果思维",以为执行就是赶紧去做事情,至于能不能拿到成果,则是另外的事情。这是"过程思维"的做法,把工作的重心放在了"去做",而不是"拿到成果""实现目标"。"过程思维"不是高效执行所需要的,高效执行需要"成果思维",拿到成果、实现目标才是真正的执行力。

客观地说,"过程思维"并不少见。对于这种错误的思想观念,企业一定要采取必要的培训措施和激励机制予以调整,要让员工切实树立起"成果思维"的意识,要以"拿到成果"为工作目标。须知,当整个企业所有人员都有"成果思维",带着"成果思维"执行工作时,组织的执行力至少提升 30%。

5. 利益关联

利益是人诸多行为的原动力，自然也是执行行为的原动力。

"利益关联"解决的是"实现目标不一定有收益，达不成目标不一定有处罚"的问题。

客观上，对于员工执行力的管理，至少需要做到"目标清晰""措施有效""管控过程""成果导向"四个方面，这是提升执行效率的主要要求。"利益关联"是最后一种做法，将执行的时效性、成效性乃至员工的责任心与薪酬、奖罚关联，通过利益来驱动员工做到高效执行。当通过管理、管控无法保障高效执行时，要将这一做法付诸实施。

如何关联利益？常用的做法是推行绩效考核，通过对员工的工作行为和结果实施考核评价，并将考核结果与薪酬挂钩来实现关联。

在绩效考核的诸多模式中，对执行力的考核可以采用"两维绩效模型"。这一模型认为，员工的工作绩效包含两部分：任务绩效和周边绩效。任务绩效指的是员工的工作结果，即是否实现了既定的工作目标；周边绩效指的是员工的工作责任心、积极性和协作精神。显而易见，对员工的任务绩效、周边绩效做考核，实际上是将员工的执行结果、执行态度全部纳入了考核中。

考核后，考核结果自然会与绩效工资关联，也会与奖金分配、岗位调动、职业发展等关联。因此，可以将员工的执行纳入考核体系中，通过绩效考核体系的运作来保障高效执行。

提高执行力的"抓手"和"利器"

建立执行机制后，员工的执行力就有了机制层面的保障。在实施执行机制的前提下，提高执行力还有两大"抓手"和一大"利器"。

抓手一：管高层，高层是执行力的"牛鼻子"

高层即企业的决策层，主要由企业"核心圈"成员组成，这一层级的人员决定着各职能工作的目标、主要工作计划、人员安排和重大事项的安排与处置。高层是企业执行力的"牛鼻子"。

在组织管理实践中，大部分企业的组织形态是科层制或金字塔式，遵循"命令统一"原则。这一原则的内涵是：除了组织中的最高决策者（民营企业中一般指老板），企业所有的成员在工作中都会收到来自上级部门或其负责人的指令，员工要根据上级的指令开始或结束、进行或调整、修正或废止自己的工作。这就意味着，对于大多数企业而言，高层是组织能力的源头，抓住了源头，就抓住了全体员工的行为表现。对于执行力管理也是如此，管住了高层，也就管住了全体成员的执行力。

抓手二：建立"法治"系统，以刚性制度管执行

企业的"法治"，是相对于"人治"而言的。所谓"法治"，指的是企业内部的运营管理行为都按照审定、公布的制度规则来执行。做什么、如何做、按照什么步骤、做到什么程度、做得不到位会受到什么处分，都要依据制度规则，不允许人为地调整或改变。

"法治"精神和"法治"系统是执行机制得以贯彻实施的保障，一切依规则来执行。规则是固定的，执行及对执行的管理便是固定的，不因人而变。"人治"理念和模式只会削弱执行机制对员工执行力的管理效用，弊大于利。当员工执行效率低下或执行不到位时，或态度不认真时，若按照"法治"系统，是要受到处置的，企业对员工或施予批评，或给予处罚；若按照"人治"系统，则随意性会很强，员工可能会受到与错误程度不相符的过重处罚，也有可能不受到处罚。如果处罚不合理或不予处罚，就等于将执行机制当成了摆设，员工将不再相信执行机制的功用，这样一来，执行力又将回到原有的局面。"人治"等于没有机制、没有制度规则，执行力也就不能得到保障。

当高层执行不到位时，怎么办？要靠"法治"系统予以处置，而不要管该高层管理人员身居何职，做出过何种

贡献，对企业有多么不可或缺。实践证明，建立"法治"系统是对企业整体负责的最佳管理模式。企业老板须知，他要对整个企业负责，不能对某个人或某些人偏袒。

为什么商鞅变法奠定了秦国一统天下的基础，而同时代的其他国家虽然也实施了变法，最终却落得城破国灭的结局？商鞅被车裂后，秦惠文王依然保留了"商君之法"，秦后世各代国君均保留、推行"商君之法"，将整个国家变成了"商法"之国。魏国，在吴起离开之后就放弃了变法之术；楚国，灭杀吴起后，再次恢复了旧制。在战国时代，秦国是变法最为彻底的国家，是坚定建立"法治"系统的国家，因此才有了秦始皇的一统天下；而魏国和楚国，没有坚定地推行"法治"系统，依然采用传统的"人治"模式，"人存政举，人亡政息"，因人而治、依人而治，一时强而百世弱，怎么可能有强大、持久的国力和战斗力呢？

古往今来的国家史、政治史均已证明，采用"人治"模式，是组织混乱和组织能力低下的主要原因，是组织无法持续发展的根本原因。

企业要保障、提升执行力，打造"钢铁之师"，必须靠"法治"系统。

利器：建立绩效管理系统

什么是绩效管理系统？它指的是管理者和员工为了达

到组织目标，共同参与绩效计划制订、绩效辅导沟通、绩效考核评价、绩效结果应用、绩效改进提升的持续循环过程。建立这一管理系统的目的是实现组织的关键绩效目标，提升组织的经营管理效率。

总体上，绩效管理系统包含以下五大部分。

1. 绩效计划制订

绩效计划是评价者与被评价者（主要指管理者与员工）就被评价者在规定的时间内应该实现的工作绩效进行沟通、确定的活动。绩效计划是对员工开展绩效管理、实施目标管理的起步动作。

绩效计划的内容主要包括员工应实现的工作绩效，以及为了实现绩效目标需要管理层给予的支持，涉及以下要项：

- 在考核周期内，被考核者的主要工作任务。
- 衡量工作绩效的关键指标，如 KPI。
- 关键指标的计算公式。
- 关键指标的目标值或标准。
- 关键指标的评价方法。
- 关键指标的权重。
- 关键指标的考核周期。
- 关键指标的考核者。

- 关键指标的结果信息来源。
- 被考核者在工作期间拥有的权力和可调配的资源。
- 管理者能够为员工提供的支持和帮助。

绩效计划的成果文件包括目标责任书、绩效考核表等文件,这类文件清晰地写明了上述要项的具体信息。同时,为了支撑关键指标的达成,还会针对特定的工作任务另行制订推进执行计划,对工作计划的时间、结果等做出详细的规定。

2.绩效辅导沟通

不同于单纯的考核评价,绩效管理系统更为重视过程中的绩效辅导、绩效沟通,即管理者要对员工的工作执行情况、遇到的困难进行充分的了解和掌握,并及时给予支持和辅导,以帮助员工实现绩效目标。

通过标杆管理的实践可以发现,在影响员工执行力的诸多外部要素中,首要要素就是管理者,即管理者是否切实履行了管理员工、帮扶员工的职责。管理者是直接影响员工执行力的第一人,是对员工执行力影响程度最大的要素,良性的管理行为会激发员工的工作动力,有效的辅导和沟通可以帮助员工克服困难、获得支持,直接推动员工达成绩效目标。

管理者对员工开展的绩效辅导与沟通,主要涉及如下方面：

- 员工的工作进度。
- 员工的工作成效。
- 员工的工作态度。
- 员工的职业能力。
- 员工的协作意识。
- 执行过程中遇到的困难。
- 解决困难的方法、策略和所需要的支持。
- 下一步的工作计划和要求。

如何开展绩效辅导与沟通？方式有很多，一般包括一对一正式面谈、定期或不定期会议、书面报告、非正式会议，以及更为灵活的谈话等方式。

3. 绩效考核评价

绩效考核评价是根据绩效计划，对被评价者工作绩效的完成、达标情况做出评估的行为，以确认各项关键指标的目标值是否达到了，工作行为的标准是否达到了，完成的程度是多少。针对这些考核项，评价者结合绩效数据、信息等，按照既定的评价方法、计算公式给予评分，然后给被评价者一个最终的得分值。

绩效考核评价的方式一般有两种：定性评价和定量评价。定性评价指的是由管理者根据主观印象，在没有获取绩效数据的前提下对员工的绩效做出判断，给予评分；定量评价与此相反，管理者不是根据主观印象，而是完全根据客观的绩效数据、信息等核算员工的绩效得分。从管理实践的效果来看，定量评价是更为合理的评价方式，既可以真实反映绩效结果，又可以避免因为主观评价所导致的不公平。

绩效考核是绩效管理的必要环节，实质上是对被评价者工作结果的检查和评价，相对于执行机制的"检查"，绩效考核更为严谨。

4. 绩效结果应用

员工的工作绩效被客观评价后，其结果是要与员工自身的薪酬和发展相关联的。绩效结果一般与员工以下方面的利益相关联：

- 绩效工资的发放。
- 岗位调整。
- 薪酬调整。
- 年终评优评先。
- 培训提升。
- 职位晋升。
- 发展机会。

绩效结果的应用有最基本的原则，即对绩效得分高的员工，给予更多的工资、奖金、发展机会、表彰机会，给予正向的奖励和激励；与之相反，绩效较差甚至是不合格的员工，要通过减扣工资、降低级别、不给予发展机会等负向激励的方式给予告诫和处置。

5. 绩效改进提升

核算出绩效结果、应用绩效结果并不意味着绩效管理工作的结束，还需要进一步做分析：在上期工作过程中，影响绩效目标达成的因素有哪些？员工的工作能力在哪些方面有欠缺？是什么影响了员工的工作积极性？责权方面是不是不清晰、不匹配？工作流程是不是混乱？管理者的管理风格、管理方式是不是有些不当？公司的组织氛围、文化导向是不是不太好？管理者需要从员工及外部组织环境等方面进行深入分析，挖掘出真正的瓶颈因素，并制订切实可行的工作方案予以突破，从而实现员工绩效水平的拔高与提升。这就是绩效改进。

实现绩效计划制订的目标只是一时的，企业追求的是持续性的良好绩效，基业长青才是组织发展的目的。因此，重视绩效改进、常态化地推行绩效改进是必须做的关键管理动作。

绩效管理系统对员工执行力的作用：绩效管理系统是企业的核心管理系统之一，其作用可以用八个字概括，即"上承战略、下接执行"。仅从执行力管理的角度来说，绩效管理系统是更为科学、更为完善的模式。

绩效管理系统是一套精细的、严谨的管理工作结果的模式、机制，这一模式将战略、目标、计划、管控、沟通、考核、利益、改进等多项关键管理动作包罗其中，而且也充分体现了执行机制所要求的各项原则，并且采用了科学、量化的评价方法，形成了工作结果管理与改进的闭环系统，可以说是提升员工执行力的一大"利器"。

不过，需要注意的是，绩效管理系统在企业管理基础相对较为规范的前提下才能够有效实施。